# PSICOPEDAGOGIA

Dados Internacionais de Catalogação na Publicação (CIP)
(Câmara Brasileira do Livro, SP, Brasil)

Psicopedagogia : desafios e prática no contexto educativo / (organizadoras) Gislene de Campos Oliveira...[et al.]. – Petrópolis, RJ : Vozes, 2021.

Várias autoras.
Outras organizadoras: Lucila Diehl Tolaine Fini, Evely Boruchovitch, Rosely Palermo Brenelli

Bibliografia.
ISBN 978-65-5713-381-1

1. Aprendizagem 2. Educação – Finalidades e objetivos 3. Ensino 4. Psicologia educacional 5. Psicopedagogia I. Oliveira, Gislene de Campos. II. Fini, Lucila Diehl Tolaine. III. Boruchovitch, Evely. IV. Brenelli, Rosely Palermo.

21-78161 CDD-370.15

Índices para catálogo sistemático:
1. Psicopedagogia : Educação 370.15

Cibele Maria Dias – Bibliotecária – CRB-8/9427

GISLENE DE CAMPOS OLIVEIRA • LUCILA DIEHL TOLAINE FINI
EVELY BORUCHOVITCH • ROSELY PALERMO BRENELLI
Organizadoras

# PSICOPEDAGOGIA

## Desafios e prática no contexto educativo

EDITORA
VOZES

Petrópolis

© 2021, Editora Vozes Ltda.
Rua Frei Luís, 100
25689-900  Petrópolis, RJ
www.vozes.com.br
Brasil

Todos os direitos reservados. Nenhuma parte desta obra poderá ser reproduzida ou transmitida por qualquer forma e/ou quaisquer meios (eletrônico ou mecânico, incluindo fotocópia e gravação) ou arquivada em qualquer sistema ou banco de dados sem permissão escrita da editora.

**CONSELHO EDITORIAL**

**Diretor**
Gilberto Gonçalves Garcia

**Editores**
Aline dos Santos Carneiro
Edrian Josué Pasini
Marilac Loraine Oleniki
Welder Lancieri Marchini

**Conselheiros**
Francisco Morás
Ludovico Garmus
Teobaldo Heidemann
Volney J. Berkenbrock

**Secretário executivo**
Leonardo A.R.T. dos Santos

*Editoração*: Maria da Conceição B. de Sousa
*Diagramação*: Sheilandre Desenv. Gráfico
*Revisão gráfica*: Anna Carolina Guimarães
*Capa*: Estúdio 483

ISBN 978-65-5713-381-1

Editado conforme o novo acordo ortográfico.

Este livro foi composto e impresso pela Editora Vozes Ltda.

# Sumário

*Apresentação*, 7

1 *Bulliying* nas escolas – Como identificar, prevenir e intervir, 11
Gislene de Campos Oliveira

2 Renovação em educação – Desafios para a escola e a psicopedagogia, 27
Lucila Diehl Tolaine Fini

3 Elaboração de enunciados de problemas em escolares por meio do Jogo Quilles – A construção de novos campos simbólicos, 37
Rosely Palermo Brenelli

4 Como se manter motivado para atividades de estudo e aprendizagem? – A família e a escola em ação, 55
Evely Boruchovitch e José Aloysio Bzuneck

5 Desafios para motivar os alunos para aprender – Professores e pais podem ajudar, 67
Acácia Aparecida Angeli dos Santos e Adriana Satico Ferraz

6 Atenção, concentração e memória na psicopedagogia, na escola e na vida adulta, 79
Gislene de Campos Oliveira e Marly do Carmo Ferreira Batista Ponce

7 Desenvolvendo a consciência metacognitiva, 97
Evely Boruchovitch e Maria Aparecida Mezzalira Gomes

8 Educação inclusiva em Portugal – Inspirações para o atendimento psicopedagógico, 109
Luzia Lima-Rodrigues, Maria Odete Emygdio da Silva e David Rodrigues

9 As aprendizagens no Ensino Superior facilitadas por alunos tutores no Ensino Superior – Uma experiência de tutoria entre pares, 125
Cláudia Castro

10 Como organizar e lidar melhor com o próprio tempo? – Estratégias de gerenciamento de tempo, 139
 Evely Boruchovitch e Danielle Ribeiro Ganda

*Os autores*, 147

# Apresentação

Este livro tem como objetivo oferecer contribuições de diferentes tendências teóricas e problematização de temáticas atuais, além de resultados de pesquisa que possam ser úteis para a prática do psicopedagogo em clínicas, escolas, e outras frentes de trabalho. Tem como público-alvo psicopedagogos, psicólogos, fonoaudiólogos, educadores, professores, pais e profissionais de áreas afins.

O foco principal deste trabalho, organizado por membros do Grupo de Estudos e Pesquisas em Psicopedagogia (Gepesp), foi o atendimento de uma solicitação frequente de profissionais da área da Psicopedagogia por subsídios para a atuação prática sem, contudo, desconsiderar os fundamentos teóricos essenciais à seriedade e à confiabilidade da prática psicopedagógica. Com certeza, a obra também não desconsidera a característica multidisciplinar da área, a complexidade das situações que se apresentam ao profissional, mas destaca-se que a prioridade é a prática do profissional da Psicopedagogia.

O Grupo de Estudos e Pesquisas em Psicopedagogia (Gepesp) foi criado em 1991, por professores da Faculdade de Educação da Universidade Estadual de Campinas interessados em unir esforços para estudo e pesquisa na área, debater e compartilhar a reflexão sobre temas e questões relacionadas à psicopedagogia, psicologia e educação. Um ano depois foi criado o curso de Especialização em Psicopedagogia no Programa de Pós-Graduação – Psicologia Educacional. Desde esta época o grupo tem desenvolvido um trabalho intenso em cursos de graduação, de pós-graduação e de Especialização. Como parte desse trabalho tem pesquisas individuais e em grupo, publicações, participação em eventos nacionais e internacionais, congressos, seminários, compartilhando nossa produção acadêmica e experiência na área.

O Grupo de Estudos e Pesquisas em Psicopedagogia (Gepesp) apresenta agora este sexto livro do grupo, que trata de Psicopedagogia, desafios e prática no contexto educativo e reúne parte de nossa reflexão, estudo, experiência e prática, decorrente do trabalho de muitos anos em Psicopedagogia, com a expectativa de ser mais uma contribuição para a área. Participam do livro membros do Gepesp e foram também convidados a participar alguns autores, renomados estudiosos e pesquisadores que têm contribuições importantes e atuais em Psicopedagogia, Psicologia e Educação.

No capítulo 1, "O *bullying* nas escolas: como identificar, prevenir e intervir", Oliveira faz uma análise sobre o *bullying* nas escolas, descrevendo o problema, trabalhando em sua prevenção, ressaltando algumas possíveis causas deste comportamento, salientando as consequências emocionais, cognitivas e psicológicas tanto para a vítima quanto para quem pratica o *bullying*. Apresenta também orientações a psicopedagogos, pais, professores e diretores de escola sobre maneiras de enfrentar e combater esta prática.

No capítulo 2, "Renovação em educação: desafios para a escola e a Psicopedagogia", Fini, lembrando documentos oficiais e especialistas, assinala a necessidade de renovação em educação, dando ênfase ao desenvolvimento global dos alunos. A reformulação do Ensino Médio aponta aspectos urgentes para a renovação vinculados às exigências da sociedade do século XXI. Não só no Ensino Médio, mas em todos os níveis de ensino, a escola assim como o psicopedagogo, deveria investir no desenvolvimento global do aluno, considerando aspectos psicológicos e sociais, competências e habilidades.

No capítulo 3, "Elaboração de enunciados de problemas em escolares por meio do Jogo Quilles: a construção de novos campos simbólicos", Brenelli apresenta uma pesquisa que analisa condutas de escolares relativas à construção de enunciados escritos de problemas de estruturas aditivas a partir de uma intervenção com o Jogo Quilles. O trabalho também verifica as possibilidades dessa atividade lúdica em favorecer avanços na organização das informações no contexto simbólico da escrita, constituindo o jogo um recurso para a construção do conhecimento matemático.

Boruchovitch e Bzuneck, no capítulo 4 "Como manter-se motivado para atividades de estudo e aprendizagem? A família e escola em ação" afirmam que sem motivação de boa qualidade, não haverá engajamento por parte do aluno nas aprendizagens, inclusive porque a escola é um ambiente marcado por desafios e frustrações. Essa motivação não tem raízes somente em características pessoais do próprio aluno. Professores e pais contribuem de diversas formas para fomentá-la e mantê-la. O capítulo descreve em detalhe como ocorre essa contribuição por parte da escola e da família na promoção da motivação para aprender, oferecendo orientações práticas sólidas para que psicopedagogos possam atuar de forma preventiva e melhor orientá-las.

No capítulo 5, Santos e Ferraz introduzem em "Desafios para motivar os alunos para aprender: professores e pais podem ajudar" a ideia do que é a motivação para aprender e focalizam os seguintes tópicos: O que são as metas de realização? Quais as diferenças entre uma e outra? Atividades na escola para a estimulação das metas de aprendizagem; Elaboração de tarefas que estimulam a meta aprender e Metas de aprendizagem e a avaliação do aluno; Formação de grupos; Administração do tempo; Valores transmitidos pelo professor e a escola; e Orientações para os pais.

Oliveira e Ponce afirmam que a aquisição de novas experiências cognitivas depende muito dos processos cognitivos do pensamento, do raciocínio, da atenção, da concentração e da memória, no capítulo 6, "Atenção, concentração e memória na psicopedagogia, na escola e na vida adulta". Este capítulo tem, como objetivo principal, auxiliar o psicopedagogo e o professor a desenvolver melhor a atenção e a memória no aluno do Ensino Fundamental. Apresentam também sugestões de atividades de memória que possam desafiar o cérebro tanto para a criança quanto para o adulto, proporcionando grandes benefícios.

No capítulo 7, "Desenvolvendo a consciência metacognitiva", Boruchovitch e Gomes analisam o sucesso escolar como uma grande preocupação de educadores e também o objetivo da maioria dos estudantes, incentivados por suas famílias. A importância da metacognição, na análise dos autores, é inegável para uma aprendizagem bem-sucedida. O presente capítulo tem como objetivo definir metacognição e descrever e sugerir procedimentos que psicopedagogos, professores e pais podem utilizar para ativar e manter a consciência metacognitiva dos estudantes, tendo em vista fortalecer os processos autorregulatórios no contexto educativo e no ambiente familiar.

Lima-Rodrigues, Emygdio e Rodrigues, no capítulo 8, "Educação inclusiva em Portugal: inspirações para o atendimento psicopedagógico", trazem de Portugal uma contribuição para pensar o atendimento psicopedagógico a partir da educação inclusiva. Apresentam um panorama da educação inclusiva em Portugal, onde 99% dos alunos com deficiência estão no sistema regular de ensino. Esclarecem o que é a educação inclusiva, apontando o que ela "não é", e em seguida elencam sugestões para o atendimento psicopedagógico. Para os autores, o atendimento psicopedagógico: é um processo, educacional, relacional, inovador, coletivo e também preventivo. Advertem que a psicopedagogia deve ajudar a combater a marginalização, a exclusão, o insucesso e toda e qualquer forma de discriminação que aumente a desigualdade entre os alunos.

No capítulo 9, "As aprendizagens no Ensino Superior facilitadas por alunos tutores no Ensino Superior: uma experiência de tutoria entre pares", Castro traz a experiência de Portugal afirmando que a docência no espaço universitário está cada vez mais centrada na investigação e produção científica. As práticas pedagógicas e as aprendizagens dos alunos, apesar de fazerem parte das preocupações de grande parte dos professores, não encontram, por vezes, espaço e nem soluções eficazes para a facilitação do sucesso e da inclusão acadêmica. A literatura confirma que em qualquer nível escolar as aprendizagens mediadas por pares promovem as competências a serem adquiridas, quer no nível dos conteúdos programáticos, quer no nível da congruência cognitiva e social.

No capítulo 10, "Como organizar e lidar melhor com o próprio tempo? Estratégias de gerenciamento de tempo", Boruchovitch e Ganda afirmam que na atualidade e diante do ritmo intenso de vida, inúmeras pessoas relatam ter dificuldades de organizar suas atividades escolares, acadêmicas, profissionais e pessoais nas horas disponíveis. Pesquisas revelam que a falta de gerenciamento de tempo gera estresse, baixo desempenho, conflitos interpessoais, entre outros problemas. No capítulo, as autoras identificam e descrevem as causas e as consequências de um mau gerenciamento do tempo. Além disso, apresentam estratégias simples e eficazes para que psicopedagogos, professores e pais possam não só gerenciar o seu próprio tempo, mas também ajudar o gerenciamento do tempo dos estudantes que atendem ou ensinam.

Os autores esperam que este livro possa fornecer uma contribuição para educadores e, em especial para psicopedagogos, e para todos os que se preocupam com a educação e objetivam uma melhor experiência de aprendizagem de crianças, jovens e adultos.

*As organizadoras*

# 1 *Bulliying* nas escolas

## Como identificar, prevenir e intervir

*Gislene de Campos Oliveira*

Há centenas de anos verificam-se relatos de agressividades entre algumas pessoas que exerciam seu poder contra uma pessoa ou grupo de pessoas mais fracas ou mais vulneráveis. Podemos verificar exemplos de superiores que menosprezam e/ou perseguem repetidamente seus subalternos em ambientes profissionais, colegas em ambiente estudantil que tentam mostrar sua força aos seus pares e professores que humilham seus alunos. Isto ocorre também entre vizinhos, no meio social e atualmente tem se usado muito o ambiente da internet.

O uso da internet ampliou muito essa situação, o que torna o problema bem maior. É um meio propício que algumas pessoas utilizam para proferir insultos e humilhações para pessoas e determinados grupos de pessoas e, em muitos casos, há vazamento de fotos ou situações constrangedoras com a intenção de denegrir suas imagens.

Neste capítulo vamos restringir nossa atenção ao ambiente escolar, à identificação, à prevenção do *bulliying* e possível intervenção.

Primeiramente, é necessário analisar a diferença entre violência na escola e *bullying*.

Para exemplificar, vamos analisar os "trotes" entre veteranos e calouros no ingresso da Universidade ou mesmo em cursos anteriores que tem como objetivo criar brincadeiras bobas para auxiliar os novos alunos a se adaptarem e a interagirem uns com os outros, mostrando que são bem-vindos. Eles são saudáveis, na maioria das vezes, não existe a **intenção** de causar qualquer mal. No entanto, alguns veteranos muito agressivos podem desvirtuar essas brincadeiras provocando mal-estar, até causando problemas de saúde, humilhação e sofrimento físico. Temos alguns exemplos, em meios de comunicação, em que os trotes extrapolaram esses atos agressivos levando à histeria coletiva, o que já provocou a morte de calouros.

A violência nas escolas se manifesta em comportamentos agressivos e antissociais em relação a colegas, professores e outras autoridades da escola. Os meios de comunicação mostram desacato a seus superiores, alunos riscando e furando os pneus dos carros de diretores ou professores, provocando danos ao patrimônio como pichação, destruição, brigando e humilhando colegas. Isto pode acontecer porque alguns estudantes se revoltam por não conseguirem se adaptar às regras do contexto escolar ou por virem de algum ambiente agressivo ou negligente em casa ou em seu meio social e não conseguem se motivar adequadamente.

O que diferenciam as brincadeiras e o *bullying* é que neste último há a intenção de humilhar REPETIDA e INTENCIONALMENTE, numa relação desigual de poder em que o agressor, se sobressai, humilhando e causando angústias e sofrimentos em alguém que não consegue se defender.

### Significado do termo bullying

*Bully* é traduzido como brigão, valentão, tirano; como verbo significa tiranizar, humilhar, oprimir, amedrontar, ameaçar, intimidar, maltratar. O *bullying* se caracteriza por abuso de poder, intimidação e violência.

Embora esta prática já existisse há muitos anos, o pesquisador sueco Dan Olweus usou a palavra *bullying* pela primeira vez em 1970 significando: "Conjunto de comportamentos agressivos e repetitivos de opressão, tirania, agressão e dominação de uma pessoa subjugada pela força". Não há um termo equivalente em português.

## Como se inicia o *bullying*

Inicialmente, um ou mais "valentões" fazem algumas brincadeiras de mau gosto, com gozações e apelidos pejorativos e humilhantes, a pessoas vulneráveis de seu convívio e que não sabem se defender. Se não houver reação dos envolvidos, vão crescendo e polindo mais suas agressões e começam os insultos maiores chegando às agressões físicas, empurrando, batendo ou danificando o material escolar da vítima.

Pouco a pouco vão aperfeiçoando suas agressões, principalmente quando encontram outros membros também agressivos iguais ou alguns simpatizantes. Vão reunindo, arregimentando outros adeptos e o grupo vai crescendo. São pessoas agressivas mesmo fora do ambiente escolar que usam de mentiras, subterfúgios, com alguns acessos de revolta quando contrariados, não admitem ouvir um não e não gostam quando alguém lhes impõe alguma regra que é o caso do ambiente escolar.

Surge então o que chamamos de *bullying*, situação que ocorre sem motivação evidente, dentro de uma relação desigual de poder em que os indivíduos estão envolvidos em contatos frequentes duradores, como é o ambiente da escola, quando a convivência é cotidiana causando dor e angústia.

Os *bullies* normalmente são dissimulados perante os adultos. Mentem e inventam situações que não existem tentando conquistar o professor, ou como eles dizem, induzi-lo para "ir para seu lado".

## Personagens do *bullying*

### Agressores ou algozes

Normalmente, o aluno agressor tem uma personalidade autoritária, com necessidade de controle e dominação muito grande. É uma pessoa dissimulada na medida em que se mostra bonzinho perante os adultos. Mente e inventa situações que não existem tentando seduzir o professor para o lado deles. O *bullying* quase sempre é silencioso, no sentido de ser realizado longe dos professores, orientadores ou outros membros da escola. É camuflado. O agressor procura suas vítimas no recreio quando não há uma supervisão, na saída da escola, nas aulas de educação física, nos corredores desertos e até mesmo nos banheiros. Ele adota comportamentos hostis e agressivos, tanto físicos quanto morais repetitivos às vezes de forma violenta ou humilhante, numa relação desigual entre os mais fortes e mais velhos sobre os mais frágeis, mais jovens e menores principalmente quando estes não sabem se defender, talvez por apresentarem autoestima negativa.

### Espectadores ou testemunhas ativos

Os espectadores ativos não praticam o *bullying* diretamente, mas são coniventes com o agressor ou grupo de agressores e são também chamados por alguns autores como simpatizantes ou seguidores, na medida que riem ou dão apoio aos agressores, chegando até a incentivarem e criarem outros comportamentos agressivos.

### Espectadores neutros

Existe um grupo de espectadores que não demonstram sensibilidade vendo o sofrimento dos colegas. Muitos deles vêm de lares não estruturados onde experimentam a violência, assim como em seu meio sociocultural e familiar. É como se eles enxergassem esses comportamentos de forma normal ou como se pensassem que eles não têm nada a ver com a situação. Adotam a postura de que "Eles não mexem com ninguém e ninguém mexe com eles".

### Espectadores passivos ou observadores

Outro grupo de espectadores, por outro lado, veem o *bullying*, se revoltam contra as atitudes dos agressores, mas são incapazes de tomar uma posição e então se afastam e fingem que não viram nada. Muitas vezes tem dó da vítima, mas são incapazes de defendê-las. Eles sofrem, pois entram em conflito com sua consciência que diz que devem defender as vítimas e seu medo de represália e então não se envolvem. Na realidade, esses espectadores também são uma espécie de vítima, pois têm medo de se pronunciar pois seu comportamento é regido pelo medo de sofrer *bullying*.

Estar junto aos alvos pode ser entendido como um risco para se tornar vítima também, além de não trazer nenhum "benefício social". Eles não sabem que seu silêncio e sua passividade podem ser interpretados como um sinal de apoio ao algoz.

### Observadores empáticos

Alguns alunos observam o *bullying* e se revoltam contra os algozes, mas nem sempre conseguem fazer frente a eles. Eles se compadecem dos maus-tratos impingidos às vítimas e com seus sentimentos de solidariedades não aprovam as atitudes agressivas de alguns de seus colegas. Colocam-se no lugar da vítima, percebem o sofrimento delas e começam a ter atitudes que podem amenizar os prejuízos. Eles se aproximam das vítimas para auxiliá-las nas tarefas de escola, chamam para os grupos formados em sala de aula e procuram sua companhia nos intervalos no sentido de trazer para elas sua proteção.

Normalmente são pessoas "bem resolvidas", seguras, com autoestima alta, capacidade intelectual satisfatória, com alto grau de compreensão, respeito e amor ao próximo e com certa liderança entre seus pares. Elas navegam muito bem entre os outros grupos tendo um bom relacionamento com todos.

### Vítimas ou alvos

As vítimas são os alunos que sofrem os abusos. São pessoas que normalmente fogem do padrão em relação a um determinado grupo. Abaixo podemos citar algumas características encontradas nesse grupo passíveis de sofrerem *bullying*:

- Normalmente são inseguros, tímidos e com baixa autoestima.
- Possuem habilidades sociais deficientes.
- Demonstram passividade e submissão grandes.
- Apresentam ansiedade excessiva e dificuldade em se expressar, não conseguem se impor.
- São muitas vezes frágeis ou se destacam também pelas características físicas como pessoa muito gorda, ou muito magra, pela cor da pele, por alguma deficiência física, pela apresentação de *tics* e manias, pela orientação sexual e também pelas características cognitivas que é o caso dos que apresentam dificuldades escolares ou mesmo os que se destacam e que são chamados de *nerds*. Os motivos são quase sempre injustificados.

Para a vítima, não ter amigos é considerado um fator de risco para se tornar alvo. Por outro lado, ser vitimizada conduz à perda de amigos que se distanciam pelo medo de represália. Ela se afasta no recreio e, com isto, acaba sendo mais isolada ainda.

Como consequências deste pavor de ir à escola, muitas vezes, burlam as regras e não entram nas salas de aula.

Para um professor atento e consciente é muito fácil descobrir quem é passível de se tornar vítima: apresentam uma timidez exagerada, sempre ficam isolados das atividades escolares. Não perguntam nada na aula. É como se desejassem ser invisíveis.

## Principais comportamentos de *bullying*

### Comportamento agressivo com alguns colegas de escola

Para os agressores, há diversas formas de exercer o poder frente aos mais fracos. Alguns autores relatam que há diferença entre o comportamento de *bullying* entre os meninos e as meninas. Estas últimas são menos agressivas fisicamente, mas também tão prejudiciais quanto as demais, pois muitas vezes se utilizam de comportamentos indiretos de difamar, criar apelidos pejorativos, fazer "fofocas", nem sempre verdadeiras, no sentido de isolar, excluir suas vítimas do convívio com os demais membros. Intimidam outros colegas que desejam se socializar com a vítima. Elas são mais dissimuladas, o que dificulta serem descobertas. Esse *bullying* indireto é muito utilizado para camuflar as agressões e impedir que os adultos descubram a identidade de quem o pratica.

Os meninos, por sua vez, tentam se impor tanto por atos indiretos como diretos e agressivos.

Lopes Neto (2011, p. 23) apresenta as classificações dos principais comportamentos de *bullying* catalogados pela Lei n. 14.651 de 12 de janeiro de 2009, no Estado de Santa Catarina.

- *bullying* verbal: apelidar, falar mal e insultar;
- *bullying* moral: difamar, disseminar rumores e caluniar;
- *bullying* sexual: assediar, induzir ou abusar;
- *bullying* psicológico: ignorar, excluir, perseguir, amedrontar, aterrorizar, intimidar, dominar, tiranizar, chantagear e manipular;
- *bullying* material: destroçar, estragar, furtar, roubar;
- *bullying* físico: empurrar, socar, chutar, beliscar, bater;
- *bullying* virtual ou *cyberbullying*: divulgar imagens, criar comunidades, enviar mensagens e invadir a privacidade com o intuito de assediar a vítima ou expô-la a situações vexatórias.

Pode-se acrescentar a esta lista a criação de um apelido pejorativo ligado a alguma característica física, exemplo, orelhudo, magrelão, baleia, pretinha, burro, fazendo com que a classe toda adote.

Os atos de violência sendo praticados com frequência, apresentam uma característica evolutiva, isto é, os níveis de agressividade e gravidade são crescentes e persistentes.

### Comportamentos de *bullying* professor-aluno

A Pedagogia há muitos anos vem aconselhando os professores a compreender seu aluno no sentido de evitar palavras de desestímulo, agressivas que possam diminuir sua autoestima. Infelizmente, alguns professores também praticam o *bullying*. Chamar a atenção do aluno para ficar quieto ou porque não fez o dever é uma atitude normal, desde que não caçoe e não o menospreze perante a classe.

Alguns professores, no entanto, tornam-se algozes, assumindo alguns comportamentos inadequados, humilhando alguns alunos, continuadamente, fazendo diferenças entre um e outro, comparando um aluno que considera bom com aquele que acha péssimo diante de todos. Às vezes perseguem alguém, atribuindo sempre notas mais baixas ou dizendo que ele nunca vai crescer na vida. Acusam sistematicamente a vítima de não ser capaz de nada. Manipulam a classe contra um único aluno expondo-o ao ridículo e tornando-o mais vulnerável frente aos outros agressores. Essa perseguição se dá, às vezes, por uma única vez em que o aluno "deu ao professor respostas que o mesmo não gostou".

Podemos citar um caso que aconteceu com um professor algoz que identificou uma aluna "colando" na prova de história no 7º ano. Ele lhe disse que não adiantava nada ela estudar porque iria ser reprovada na matéria dele. Em todas as aulas ele a humilhava e xingava e ela saia da classe chorando. A classe se dividiu uns a favor dela e outros caçoando. Ela sofreu durante o ano todo e no final do ano foi reprovada. Interpelado por ela, ele lhe disse que a prova dela estava correta, mas que não a aprovaria, pois ele havia avisado. Mesmo pedindo revisão de prova, ela repetiu. No ano seguinte, a pedidos, o professor foi demitido.

É importante lembrar que alguns funcionários também podem ser algozes, pois são rigorosos em excesso com algumas crianças, inventando sistematicamente situações que não existiram com o fim de chamar o diretor para castigá-las.

### Comportamentos de *bullying* aluno-professor

Infelizmente, o professor também está sendo alvo de *bullying*. Os agressores, às vezes, culpam o professor pelas notas baixas que tiram, pois não aceitam sua própria deficiência acadêmica. Culpam-no, também, quando tenta manter a ordem e a disciplina em sala de aula, mandando os alunos barulhentos irem para a diretoria. Como eles não aceitam ser contrariados, se "vingam" do professor, tentando colocar os outros alunos contra ele, utilizando-se de ironias, de mentiras, fazendo chacotas e caretas para a classe rir. Eles camuflam seu comportamento em um *bullying* indireto, embora em algum momento possam partir para a agressão física.

## Consequências psicológicas, cognitivas e emocionais do *bullying*

### Para as vítimas

Não resta dúvida de que quanto maior é o tempo e a gravidade em que a vítima é submetida ao *bullying* mais danos ocorrerão. Ela pode apresentar problemas imediatos, como não querer ir à escola, perder a motivação, ter a aprendizagem comprometida, ter uma dificuldade maior de manter a atenção e concentração à medida em que tem medo de se mostrar diante da classe, chegando até à reprovação. Muitas vezes sofre calada porque tem medo de sofrer mais represálias e que sua situação piore. Fica mais quieta, mais arredia e constantemente apresenta corporalmente uma atitude submissa. Pode apresentar sinais como olhos baixos, tronco encurvado, diminuição da fala e do tom das palavras. Além disso, em casa pode perder a vivacidade, chorar muito e se trancar no quarto.

Alguns problemas enfrentados na escola, dependendo da personalidade da vítima, podem chegar a ter consequências múltiplas tanto psicológicas, psicopedagógicas, sociais ou mesmo psiquiátricas para o resto da vida e que precisariam ser tratadas por uma equipe multidisciplinar de profissionais qualificados.

Um grande prejuízo para a vítima frente ao *bullying* é a diminuição da visão de si mesma, pois a autoimagem é a chave da personalidade humana. A autoimagem é "a nossa percepção de nosso valor, de nossas dificuldades, de nossas capacidades, de nossas facilidades ou de nossas fraquezas, e ela nos informa como somos e nos dá elementos para a formação de nossa visão de nós mesmos" (Oliveira, 2014, p. 15).

Se a autoimagem diminui, consequentemente a autoestima também diminui, pois ela se constrói e se reconstrói de acordo com as vivências positivas e negativas que a pessoa experimenta.

Uma pessoa com uma visão de si mesma bem positiva, autovalorizada, pode sofrer inicialmente com os atos violentos e agressivos, mas impede que o *bullying* afete sua vida, pois sabe reagir com sua resiliência, isto é, com sua capacidade de saber lidar com fatos agressivos, tristes, dolorosos, rancorosos, transformando-os em um aprendizado. Ela acaba gerando soluções que a ajudam a superá-los desenvolvendo um mecanismo de defesa se sobressaindo, por exemplo, nos estudos conseguindo destaque e valorização. Ela enfrenta os algozes e como eles só sabem lidar com pessoas vulneráveis, vão em busca de outras vítimas.

O *bullying* continuado e persistente pode fazer com que a pessoa comece a se ver negativamente e se sinta incapaz, pois se desestabiliza e se anula frente às críticas e situações de conflito com medo de se posicionar. Perde a confiança em si mesma a ponto de perder sua autonomia, acumulando frustrações, desvalorizando-se diante do mundo. Passa a apresentar autorrejeição e uma severa autocrítica e, com isto ter a tendência a se curvar perante os agressores prejudicando a tomada de iniciativas e de decisões e impedindo as relações com os demais colegas.

A autoestima negativa leva à insegurança, ao bloqueio das emoções, à diminuição do tônus muscular surgindo a ansiedade. A ansiedade pode ocasionar diversas doenças psicossomáticas, isto é, seus problemas psicológicos podem se converter muitas vezes em doenças físicas.

Como exemplo de manifestações psicossomáticas podemos citar o distúrbio do sono (com insônia toda noite), transtornos alimentares, irritabilidade, tontura, dores de estômago, de cabeça, febre, vômitos, alergias, fobias, intestino irritável, autoflagelação, síndrome do pânico, medo excessivo, choro fácil, aparecimentos de tiques e manias, tristeza profunda levando à depressão ou até ao suicídio. O *bullying* não é o único fator de risco para pensamentos e comportamentos suicidas, mas ele deve ser incluído particularmente para os estudantes mais velhos.

Dependendo da idade, o *bullying* pode levar ao consumo de álcool e de drogas e a atos agressivos de retaliação em algum momento de sua vida.

Do ponto de vista escolar, a vítima pode apresentar uma aprendizagem comprometida por apresentar diminuição de sua capacidade de atenção, concentração, memória e raciocínio lógico levando a uma queda de rendimento escolar e desmotivação para os estudos. Isto pode resultar em evasão e reprovação escolar.

Além destas consequências, o *bullying* pode atingir o processo de socialização e causar retraimento, dificuldade de relacionamento e isolamento social, não só dentro da escola.

**Para o agressor**

Normalmente, os *bullies* são estudantes populares com personalidades autoritárias procurando camuflar seu baixo desempenho acadêmico. Podem ser movidos pela inveja, ressentimentos, preconceitos, pela dificuldade de adaptação às regras escolares e sociais da escola à falência escolar e experiências traumáticas, tanto no ambiente escolar, familiar, quanto sociocultural. Muitas vezes sofreram violência e abusos e é mais provável que eles repitam esses comportamentos em sua vida diária.

Frequentemente, trabalham com a autoimagem ideal e não real, pois se sentem superiores e estabelecem regras próprias, perfeitamente justificadas em sua mente. Ele pode até nem perceber, com clareza, que sua liderança é negativa, ou está empenhado em revidar suas experiências com a violência.

Muitas vezes são pessoas inseguras de suas próprias habilidades escolares e apresentam uma grande carência de amor e de limites tornando-se desprovidas de consideração, de empatia e de compaixão pelos colegas, adotando postura desafiadora frente às autoridades como pais, professores e policiais. Elas têm necessidade de sentir-se valorizadas e respeitadas. Isto pode demonstrar um grande pedido de ajuda inconsciente. Em alguns casos, se não forem devidamente atendidos e cuidados pelos profissionais competentes podem adquirir uma identidade criminosa, provocando atos violentos ou psicopáticos. O conceito de identidade é tão importante que, para alguns, é preferível ter uma identidade criminosa do que não ter nenhuma.

## Programas de intervenção

Tanto o psicopedagogo como o psicólogo escolar são aptos para trabalhar de forma preventiva e mediativa os casos de *bullying*.

Não resta dúvida de que um primeiro passo para o projeto *antibullying* é convocar um grupo coeso envolvendo os pais, toda a comunidade escolar, como o professor, os diretores, os coordenadores, os psicopedagogos, os psicólogos escolares e os funcionários. Não se pode excluir a participação e a orientação dos alunos.

Os pais devem tomar consciência dos problemas que estão surgindo frente ao *bullying* para melhor orientar os filhos e criar formas específicas de agir. Cada pai tem sua forma de educar seus filhos, uns sendo muito autoritários, outros perfeccionistas e rigorosos, outros mais permissivos, outros fazendo todas as vontades, infantilizando-os e outros mais compreensivos que escutam e orientam seus filhos.

Não se trata de criticar os pais ou questioná-los, mas mostrar como os filhos podem ser auxiliados. O psicólogo escolar e o psicopedagogo podem, portanto, auxiliar muito na orientação tanto aos pais como aos membros da escola.

## Orientações aos pais

A forma com que os filhos são tratados pelos pais tem muita influência na autoestima da criança e futuro adolescente. Alguns jovens são superprotegidos limitando suas habilidades em enfrentar obstáculos para se proteger e, com isto, retardam seu desenvolvimento emocional. Por outro lado, existem os pais perfeccionistas que exigem que seus filhos sejam perfeitos, tornando-os inadequados a conviver com seu meio, pois estão acostumados a serem alvos de críticas sistemáticas e responsabilizados pelos fracassos. Eles se acostumam a ser criticados, tornando-os inseguros e vulneráveis. É importante notar que o pai muito autoritário, que não respeita seu filho, cria uma barreira muito grande entre eles, dificultando seu poder de orientação e ajuda.

Muitos pais, quando seus filhos contam que estão sendo "perseguidos" por alguns colegas, aconselham que fiquem quietos, que não liguem e procurem se relacionar com pessoas de outros grupos. Ou cobram deles atitudes de enfrentamento que estes muitas vezes não estão preparados para realizar. Exigem que eles revidem as agressões, e quando estes não fazem, são castigados ou admoestados.

Outros pais quando percebem que seus filhos estão sofrendo no dia a dia na escola e, não sabendo como agir, vão reclamar uma atitude da coordenadora pedagógica. Nem todas as escolas estão preparadas para resolver estes problemas. Como último recurso, mudam os filhos para outra escola. Mudar de escola nem sempre é a atitude correta, pois se os jovens não forem orientados devidamente antes da mudança, a situação se repetirá porque eles ainda conservam uma atitude submissa, de medo frente aos demais. Às vezes, a ajuda tem que ser externa com terapias psicológicas e psicopedagógicas.

Se o jovem mostrar mudança de comportamento, sem razão aparente, ficar desatento, triste, com diminuição de sua autoestima, inseguro, com notas baixas a ponto de os professores reclamarem que ele está decaindo nos estudos, devem procurar saber com urgência o que está se passando. Existem muitos motivos para que esses comportamentos ocorram, desde a entrada na adolescência, um amor não correspondido, dificuldades escolares, falta ou perda de amigos, mas não se deve descartar o *bullying* que ele pode estar sofrendo na escola ou em seu ambiente social. Muitas vezes eles demonstram corporalmente seu mal-estar com a diminuição de seu tônus muscular, o que sentem psicologicamente como tristezas, alegrias, mágoas, raiva, agressividade como vimos anteriormente. Muitas vezes a criança e o adolescente sofrem calados e não querem passar seus problemas para os pais, principalmente por medo de represálias maiores em relação aos seus colegas agressores.

Pode acontecer também, ao contrário, alguns jovens apresentarem uma grande agressividade, desobediência e com muitas queixas da escola por mal comportamento ou prática de *bullying*. Neste momento, os psicólogos e os psicopedagogos podem auxiliar muito promovendo reuniões conjuntas no sentido de tentar entender o que pode estar ocasionando este comportamento agressivo e como podem ajudá-los. O importante é ter em mente que não se combate a agressividade com agressão e castigos severos. É importante que haja maior compreensão do problema. Os pais têm que ficar sempre atentos para compreender seus filhos. Eles devem ser orientados para manter sempre um diálogo com seus filhos, sempre respeitando sua individualidade. Eles precisam acreditar que tem pais compreensivos, presentes, que o orientam e o encaminham.

Muitas vezes, a criança ou o adolescente não consegue resolver seus próprios problemas e os pais podem ser sua força. O contato com a escola é importante, buscando desencadear apoio de profissionais da escola. Os professores também necessitam do apoio e da cooperação da família para que juntos possam resolver os conflitos.

As estratégias de intervenção não são somente da alçada dos pais. Os professores atentos que observarem alguns atos agressivos entre os membros da classe têm que intervir antes que a violência atinja grandes proporções.

Algumas estratégias de intervenção no combate ao *bullying* existente:
1) O psicopedagogo e o psicólogo devem organizar um trabalho conjunto com todos os membros da escola, os pais e os demais membros da comunidade, pois o somatório de forças é capaz de extinguir esses comportamentos agressivos.
2) Chamar um dos líderes da violência para alguma atividade valorizada. Não se deve esquecer que o agressor também pode ser uma vítima da sociedade e que traz com ele algumas experiências traumáticas.
3) Os psicopedagogos devem trabalhar no sentido de resgatar o desejo de aprender junto à vítima.
4) Criar uma motivação para aprender, valorizando a opinião de todos os alunos frente a um tema pertinente.

5) Capacitar os professores a identificar e lidar com os conflitos com uma conversa entre as vítimas e os agressores e descobrir as motivações que estão por trás das agressões.

6) Conscientizar a classe, através de trabalhos acadêmicos dos danos que podem estar causando aos colegas.

7) Repetir com diálogos e comunicação com eles para evitar qualquer tipo de situação de agressão sistemática.

8) O psicopedagogo pode auxiliar o agressor a aumentar sua capacidade estudantil e torná-lo mais capaz, através de estímulos e compreensão.

É importante lembrar que muitos casos de *bullying* podem ter uma natureza mais séria e mais grave e que a escola não tem como resolver. O psicólogo escolar deve então chamar a família e orientá-la a procurar outros profissionais da saúde mental, como neurologistas, psiquiatras e psicólogos clínicos, com o objetivo de obterem um diagnóstico mais apurado, pois como diz A. B. B. Silva (2015), "existem mentes perigosas na escola".

## Programas de prevenção

Primeiramente, todos os funcionários da escola como o professor, o coordenador, o diretor, o psicopedagogo e o psicólogo, além dos serventes que ficam no recreio e no ambiente físico da escola, devem compreender a problemática, estar sempre atentos aos comportamentos dos alunos. É necessário que sejam alertados e informados sobre a problemática do *bullying*, e devem fazer reuniões conjuntas periódicas para procurar detectar alguns preconceitos, discriminações, violência que possam existir no ambiente escolar.

Só isso não resolve.

A prevenção é o melhor caminho. O importante é formar professores que tenham a consciência do que seja o *bullying* e das implicações na escola e fora dela.

As melhores formas de se evitar o comportamento de *bullying* são a conscientização de todos os envolvidos e o diálogo. A escola deve organizar reuniões com o objetivo de focar maneiras de evitar os problemas usando de estratégias mais específicas para o enfrentamento da violência nas escolas.

O objetivo de tais programas é promover ações de respeito às diferenças e de enfrentamento ao preconceito, à discriminação e à violência no ambiente de escola e convivência.

A seguir, enumeramos algumas estratégias para a prevenção:

1) As escolas deveriam discutir o problema com os membros da comunidade, alertar estudantes, pais e profissionais para esta forma de violência e diferenciá-la das brincadeiras habituais e da indisciplina.

2) Promover ações de respeito às diferenças pessoais, ao preconceito e à discriminação entre os colegas.

3) Melhorar a sociabilidade em relação aos colegas e à promoção de comportamentos positivos, amigáveis e cooperativos.

4) Com as crianças menores, os professores devem fazer uso de textos de literatura infantil, como "O patinho feio" por exemplo, para ensejar uma melhor reflexão sobre as diferenças entre as pessoas.

5) Com os jovens maiores, podem ser apresentados alguns filmes, vídeos ou palestras que salientam os comportamentos covardes e unilaterais que alguns jovens desajustados podem apresentar e que mostrem as consequências negativas.

6) Incentivar um ambiente acolhedor em que reina a amizade, a solidariedade e o companheirismo.

7) Formar grupos para realizar cartazes contra violência na escola.

8) Promover um aumento de interatividade dos alunos, através de trabalhos enfocando o aprender como objetivo a ser alcançado.

9) Trabalhos em equipes para que os próprios alunos apresentem estratégias para que não haja violência na sua escola.

## Fontes consultadas

Beane, A. L. (2010). *Proteja seu filho do bullying*. Rio de Janeiro: BestSeller.

Bosworth, A. (2005). *Criança ferida, criança que fere*. Ed. da autora.

Dornelles, V. G., Sayago, C. W. e colab. (2012). *Bullying – Avaliação e intervenção em terapia cognitivo-comportamental*. Porto Alegre: Snopsys.

Lopes Neto, A. A. (2011). *Bullying – Saber identificar e como prevenir*. São Paulo: Brasiliense.

Macedo Lisboa, C. S. (org.) e outros (2004). *Mitos e fatos sobre bullying – Orientações para pais e professores*. Novo Hamburgo: Sinopsys.

Matos, M. G., Negreiros, J., Simões, C., & Gaspar, T. (2009). *Violência, bullying e delinquência – Gestão de problemas de saúde em meio escolar.* Lisboa: Coisas de Ler/GDQ.

Oliveira, G. C., Fini, L. D., Boruchovitch, E., & Brenelli, R. P. (2014). *Educar crianças, grandes desafios. Como enfrentar?* Petrópolis: Vozes.

Pereira, S. M. S. (2009). *Bullying e suas implicações no ambiente escolar.* São Paulo: Paulus.

# 2 Renovação em educação

## Desafios para a escola e a psicopedagogia

*Lucila Diehl Tolaine Fini*

## Introdução

Documentos oficiais e especialistas em educação apontam a necessidade urgente de renovação em educação, não só para o Ensino Médio, mas para todas as faixas de idade. Assinalam que é imperativo dar atenção ao desenvolvimento global dos alunos, ao desenvolvimento da autonomia e de atitudes e habilidades específicas exigidas não apenas pelo Mundo do Trabalho, mas também para a vida em geral. Também apontam habilidades e competências que estão vinculadas aos processos de escolha e serão importantes para a vida na sociedade do século XX.

A escola, em todos os níveis de ensino, assim como o trabalho do psicopedagogo, deveria investir no desenvolvimento global do aluno, considerando aspectos psicológicos e sociais, habilidades e competências, sem desconsiderar o indispensável acesso ao conhecimento.

Este capítulo se propõe a analisar esse quadro de mudanças, propostas práticas de trabalho na escola e em psicopedagogia, que não desconsiderem o processo de desenvolvimento psicológico de jovens e crianças, em diversos aspectos, incluindo o vocacional/profissional.

Enquanto este texto era finalizado, uma situação inesperada causada por um vírus contagioso e mortal mergulhou o mundo em uma pandemia, exigindo isolamento social. Com escolas fechadas e crianças isoladas em casa, um caminho adotado foi o contato via internet e a Educação a Distância, *on-line*. Até o final desta crise, o que se pode aguardar é uma nova realidade, desafios e novas condições em educação.

# 1 Mudanças no mundo do trabalho e educação para o século XXI: escolha de jovens

A reformulação do Ensino Médio definida pelo Ministério da Educação (MEC, 1918), aponta aspectos considerados urgentes para a renovação da formação de crianças e jovens e implica uma orientação geral, inspirada e apoiada no Movimento Educação para o Século XXI.

Esse novo desenho, com a definição de diversificação na grade curricular no Ensino Médio, acarretou desafios para projetos de cursos, a orientação do trabalho na escola e para a reestruturação de grades de disciplinas e quadros de professores.

As modificações para o Ensino Médio apontam a articulação entre a educação profissional e a educação integral, abertura para escolha de áreas de interesse e de disciplinas ao longo do curso, ampliação da carga horária e horário integral, disciplinas do núcleo básico e disciplinas eletivas. Nesse sentido, seria relevante que os alunos pudessem contar com apoio e alguma orientação específica nas escolas e na família.

Na maioria das escolas do Estado de São Paulo a orientação profissional não está disponível, com exceção de algumas da rede particular e alguns Programas de Orientação Vocacional. O projeto geral das escolas, no entanto, poderia incluir, em disciplinas e em espaços do curso, programas de estímulo de habilidades e competências, relevantes não apenas para escolhas, mas também para a formação integral de crianças e jovens.

A proposta do Ensino Médio está vinculada a exigências do século XXI e do Mundo do Trabalho em relação à educação, como apontadas por especialistas da área ou de outras áreas, e organismos internacionais tais como a Unesco – Organização das Nações Unidas.

Avanços em tecnologias de ponta, como em biotecnologia, sequenciamento do genoma, eletrônica, telecomunicação, informática, robótica avançada, automação no transporte, dentre muitas outras, estão mudando característica do Mundo do Trabalho, assim como do cotidiano das pessoas.

Em qualquer aspecto da vida cotidiana, assim como para a empregabilidade, são exigidas das pessoas autonomia, criatividade, flexibilidade, adaptabilidade, polivalência, pensamento crítico, habilidade de solução de problemas, capacitação tecnológica específica, dentre outros, requisitos que não estão sendo atendidos pelo trabalho na escola. Isto sem esquecer aspectos do desenvolvimento socioemocional, como a gestão de emoções, capacidade de cooperação e de trabalho em grupo. Muitos desses aspectos têm sido apontados e enfatizados pela Psicologia Educacional e Psicopedagogia, ao longo de muitos anos, sem endosso de muitas escolas.

A Base Comum Nacional Curricular (BNCC, 2018) afirma o compromisso com a educação integral, o desenvolvimento pleno dos alunos, enfatizando aspectos cognitivos, afetivo-emocionais, culturais dentre outros. Define dez competências gerais que devem ser promovidas por meio da educação.

A análise aqui desenvolvida não tem como meta destacar o preparo de pessoas para atender o mercado empregador, como um fim último, em si mesmo. Levar em conta as exigências apontadas implica criar condições para que crianças e jovens estejam preparados diante da realidade e suas exigências, para que possam estar integradas, seja no trabalho, seja para traçar suas metas de vida com iniciativa e autonomia. O acesso à educação é direito de todos, com desenvolvimento pessoal mais completo e de melhor qualidade.

Na vida profissional, as habilidades exigidas apontadas por especialistas relacionam-se, especialmente, as que ainda são impossíveis para as máquinas, aquelas em que humanos superam robôs, como a criatividade. Máquinas e robôs não conseguem desenvolver alternativas criativas para resolver problemas; não se pode esperar deles que apresentem ideias inusitadas. Olhar problemas de diferentes perspectivas, capacidade de identificar possíveis soluções criativas e inteligentes é próprio do ser humano, e essa habilidade será de grande importância no trabalho e no mundo contemporâneo.

Enfrentar situações desafiadoras e buscar solução para problemas complexos, saber fazer perguntas e não apenas buscar respostas prontas são e serão capacidades importantes para todos. A capacidade de analisar a realidade de maneira consciente e crítica também é de grande importância para enfrentar mudanças que ocorrem neste século XXI.

Uma pessoa com o pensamento crítico, segundo especialistas, pode enfrentar melhor os desafios de toda espécie, olhar situações e problemas sob diferentes perspectivas. Implica o uso da lógica, da racionalização na busca de elementos pertinentes e que permitam analisar, identificar caminhos e chegar a conclusões e soluções.

No indivíduo crítico cabe considerar o pensamento organizado, sistemático, que permite coletar informação de maneira eficiente, selecionar, analisar e também usar a capacidade de comunicação clara e consistente. Diante da avalanche de informações própria da era da informática, o pensamento crítico, lógico e organizado é essencial.

Precisa ser desenvolvido ao longo da infância, já que um número cada vez maior de crianças e jovens tem acesso à internet em computadores, tablets e celulares e podem estar expostas a pessoas sem escrúpulos e à influência de diferentes interesses, a sites com perigos éticos ou pornográficos. Algumas pessoas podem tentar impor, de maneira inadequada, ideias e modos de compreender o mundo. Um dos riscos é a tendência do comércio de impor padrões, buscando persuadir pessoas a compras indiscriminadas, incentivadas como próprias da idade. Por outro lado, deve-se considerar o risco de criminosos usarem a internet para agenciamento de crianças e jovens para diversos fins ilícitos.

Atualmente as pessoas têm amplo acesso a informações e conhecimentos via tecnologias avançadas, muitas vezes sem necessidade da escola. Essa tendência tem um lado positivo na abertura de horizontes e acesso a conhecimentos, e possibilidade de compartilhamento de informações com pessoas do mundo todo. Por outro lado, exige atenção especial dos adultos.

Os alunos, na atualidade, aprendem rapidamente a utilizar aparelhos eletrônicos e de redes de comunicação de todo tipo. Mas, a situação exige pensamento lógico e crítico, e para isto é importante o apoio e a orientação de educadores. A escola, para incluir a internet como ferramenta de trabalho e aproveitar o recurso em educação, precisa estar atualizada em métodos e estratégias que possam preparar os alunos em relação ao mundo digital.

As atividades na sala de aula ou trabalhos extraclasse, em diferentes disciplinas, podem incluir uso da internet, pesquisa e desenvolvimento de projetos, individuais ou de grupos. Podem estimular a criatividade, pensamento crítico e outras características, além de motivar alunos para o trabalho escolar.

É interessante, também, dar oportunidade ao aluno para escolher temas e assuntos, elaborar perguntas e buscar respostas e soluções outras que não aquelas que receberiam já prontas dos adultos. Tais atividades ainda serão melhores quando desenvolvidas na perspectiva interdisciplinar.

O professor, ou o adulto, precisa discutir com o aluno o processo de busca na internet, a escolha da mais abrangente, ou delimitada e específica, alertar para fontes mais ou menos seguras, confiáveis, assim como processos de compartilhamento de informações. Pode discutir a questão da relevância, da segurança, da veracidade, assim como incentivar comparações, confronto e busca de conclusões.

É importante que o aluno se sinta desafiado no processo de aprendizagem, envolvido nas tarefas e possa avaliar a si mesmo, suas competências e habilidades. Em atividades desafiadoras ele pode identificar suas dúvidas e dificuldades e buscar caminhos para superá-las. O psicopedagogo, diante de aluno que precisa de apoio especial, pode levar em conta essa situação de dificuldades e trabalhar tais elementos na clínica ou assessoria da escola.

Uma educação mais tradicional e rotineira não significa um investimento no desenvolvimento da criatividade, espírito crítico e autonomia de crianças e jovens, aspectos que não são aprendidos em aulas expositivas ou de maneira rápida. São desenvolvidos ao longo do tempo, dependendo de experiências e projetos especiais com investimento de educadores e preparo de material de apoio.

Por outro lado, espírito crítico e autonomia, como os demais aspectos apontados, são elementos essenciais para o processo de escolha profissional e de carreira, e definição de caminhos para o projeto de vida de cada um.

Especialistas também alertam para o desenvolvimento de competências socioemocionais, como importantes para enfrentar o mundo e o trabalho. Apontam habilidades como entender e controlar as próprias emoções, demonstrar empatia, estabelecer e manter relações positivas no trabalho e na vida em geral. Assinalam aspectos tais como estabelecer relações interpessoais de colaboração e cooperação, gerenciamento de conflitos e facilitação de processos de trabalho.

Cabe destacar que a atenção a uma educação plena que considere o ser humano na sua integralidade, tem um importante desencadeador em estudos e projetos tais como o relatório Jacques Delors (2012), organizado pela Unesco. Também nos anos de 1990, o documento Paradigma de Desenvolvimento Humano proposto pelo Pnud (Programa das Nações Unidas para o Desenvolvimento) representa importante passo para o debate e mudança em Educação.

Dar atenção ao desenvolvimento socioemocional dos alunos não contribui apenas para o aprendizado, mas também para maior bem-estar geral e progressão ao longo da vida. O foco no desenvolvimento socioemocional não significa que vão ser deixadas de lado competências cognitivas, tais como pensar abstratamente, analisar, interpretar, comparar, generalizar aprendizados, até porque tais competências estão relacionadas estreitamente aos aspectos socioemocionais.

Muitos podem pensar que aspectos emocionais desse teor já eram considerados pela escola, na perspectiva da educação integral, no entanto nem todo educador focava neles de maneira sistemática. A ênfase mais frequente ainda tem sido na transmissão de conteúdos, em muitas escolas, sem maior consideração pelo desenvolvimento mais abrangente dos ser humano.

O investimento no desenvolvimento socioemocional pode acontecer com atenção especial no dia a dia em sala de aula, durante aulas de disciplinas tradicionais. Por exemplo: em aulas de matemática, dar atenção para trabalhar resiliência com o aluno. O professor pode ajudá-lo a entender que diante de dificuldades, não deve desistir, mas sim insistir até encontrar uma solução. Enfatizar que ele não deve ter receio do erro e trabalhe buscando possibilidades de solução, individualmente e também em colaboração com colegas.

## 2 Algumas experiências

Aspectos como os discutidos neste capítulo já têm sido focalizados em muitas escolas públicas e particulares. Algumas experiências interessantes deveriam ser compartilhas e aqui serão apresentadas apenas algumas delas.

O Senai (Serviço de Aprendizagem Industrial de São Paulo) divulga trabalho interessante de inovação em Projetos Integradores. O trabalho é divulgado em vídeos produzidos pelo Canal Futura de televisão, em parceria com essa entidade.

Os alunos, nesse projeto, devem trabalhar na busca de soluções inovadoras para problemas reais da indústria brasileira, iniciar escolhendo o problema, depois definindo etapas de análise e busca de soluções. Os professores de diferentes disciplinas, no caso, não seriam parte das equipes, mas dariam assessoria aos alunos na pesquisa e etapas do trabalho.

Vídeos, em parceria entre Senai e Canal Futura, mostram o Projeto Geral do Senai e formas de trabalho com alunos. Mostram experiências e o protagonismo e criatividade dos alunos, a competência no trabalho deles em colaboração, em solucionar problemas complexos e a competência de comunicar e defender os projetos.

A renovação pode ocorrer em aspectos pontuais do trabalho. Viviane Senna (do Instituto Ayrton Senna) cita que no Japão há um cuidado em propor, desde cedo, atividades com brinquedos grandes, para que as crianças precisem do auxílio de colegas. Isto com foco no desenvolvimento da capacidade de trabalhar em grupo, da competência de colaboração e de trabalhar com diferentes pessoas.

As características de um mundo globalizado indicam que a exigência de colaboração no trabalho com pessoas diferentes, mesmo aquelas de culturas e povos diferentes, é uma possibilidade cada vez maior.

Um programa de renovação foi iniciado no Ceará em 2011 com atualização digital para professores, depois reorganização do currículo, incentivo ensino baseado em projetos e interdisciplinaridade, desenvolvimento do protagonismo e competências emocionais dos alunos.

A Secretaria da Educação também introduziu em aulas a disciplina Desenvolvimento de Práticas Sociais e Técnicas de Pesquisa. Segundo depoimentos de professores da Escola João Matos (Fortaleza) resultados da nova abordagem e nova disciplina, mostram alunos interessados, mais críticos, percebendo benefícios do estudo para a própria vida.

A Secretaria de Educação também introduziu nas aulas a disciplina Desenvolvimento de Práticas sociais e Técnicas de Pesquisa. Segundo depoimentos de professores da Escola João Matos (Fortaleza), resultados da nova abordagem e disciplina, mostram um aluno interessado, mais crítico, com perspectivas de futuro, percebendo benefícios do estudo para a vida.

Viviane Senna (Instituto Ayrton Senna) sugere atividades nas quais os alunos devam buscar soluções para problemas da vida real, do cotidiano deles mesmos. Na busca seriam utilizados conteúdos da escola e de pesquisa pela internet, com orientação de professores e de tutores de projeto. Senna descreve projetos incentivados pelo Instituto em escolas públicas do interior de São Paulo, junto com a Secretaria Estadual de Educação.

Também comenta um trabalho em parceria com a Secretaria Estadual de Educação do Rio de Janeiro e atividades desenvolvidas em escolas públicas. Descreve atividades em grupos formando times que deveriam trabalhar em cooperação, analisando possibilidades de melhoria envolvendo a escola e a comunidade. O início seria a definição de um problema para o time trabalhar, depois a definição de caminhos e soluções com ajuda da pesquisa relacionada a diferentes áreas. Essa pesquisa teria o acompanhamento de professores tutores, mas com ênfase, tanto quanto possível, na autonomia dos alunos.

Os sites do Instituto Ayrton Senna abrem oportunidades para escolas e educadores obterem apoio e orientação para renovação e melhoria em educação, em diversos aspectos, e a navegação por internet é bastante simples.

## Considerações finais

A necessidade urgente de revisão e renovação de amplos aspectos do trabalho em educação, em escolas e em psicopedagogia, deveria incentivar a escola e educadores a mudarem o foco de atenção da ênfase conteudista, para investir no desenvolvimento global de crianças e jovens.

Para tanto, escolas e educadores deveriam investir no desenvolvimento do protagonismo, pensamento crítico, criatividade, capacidade de enfrentar situações desafiadoras e de buscar solução de problemas complexos.

A escola também precisa trabalhar no processo de tomada de decisão, escolha profissional e de projetos de vida do aluno. Independentemente de um serviço especializado, o desenvolvimento global dos alunos já significaria uma contribuição muito especial. Ao longo do processo na escola, o aluno pode desenvolver habilidades e competências que ajudem a definir metas e também projetos parcelados, que somados resultem nos grandes objetivos de vida.

As propostas de renovação analisadas neste capítulo, assim como a reformulação do Ensino Médio, dependem de muitos e diferentes fatores, em especial de políticas públicas. Cabe lembrar as dificuldades de colocar em prática as determinações emanadas de autoridades como as de órgãos federais da Educação, considerando-se o tamanho do Brasil, o número de entes públicos que disciplinam as políticas educacionais, bem como a diversidade e falta de estrutura de muitas escolas e dificuldades históricas de preparação de professores.

Considerando a urgência e relevância de um programa de renovação em educação, torna-se importante que todos possam se empenhar para a implantação de mudanças, ainda que em etapas e em longo prazo, em escolas públicas e particulares, em diferentes regiões do país.

Enquanto este texto era finalizado, ainda em 2020, a grande pandemia que sacudiu o mundo inteiro, alterando o panorama da vida, obrigou a criação de novas formas de trabalho e de lazer, de convivência em todas as áreas, como na família e na escola.

Com escolas fechadas, mesmo professores que não se sentiam preparados, precisaram se adaptar ao uso da internet. Precisaram criar estratégias para um ensino a distância visando evitar maiores prejuízos aos alunos, ainda que nem todos pudessem dispor de conhecimentos necessários e de aparelhos para acesso. Criatividade, solução de problemas complexos, colaboração, solidariedade, itens discutidos neste texto, foram exigidos de todos, pais, professores e alunos.

Resta agora a espera para ver em que direção se encaminham a escola, a comunidade, a vida e o Mundo. E que cada um faça o seu melhor em benefício da Educação, da saúde, da comunidade.

# Referências

Castells, M.; Cardoso, G. (2005). A sociedade em rede do conhecimento à ação política. Conferência promovida pelo presidente da República, 4 e 5 de março de 2005. Belém: Centro Cultural/Imprensa Nacional/Casa da Moeda. Recuperado de https://egov.ufsc.br/portal/sites/default/files/a_sociedade_em_rede_-do_conhecimento_a_acao_politica.pdf

Delors, J. (org.) (2012). Educação: um tesouro a descobrir. Relatório para a Unesco da Comissão Internacional sobre Educação para o século XXI. São Paulo: Cortez, 7ª edição.

*Especial competências socioemocionais. O que é: Educação para o século XXI.* Especial produzido a partir de palestras e debates, realizado em 23/09/2014, em São Paulo, realizado por Porvir em parceria com o Instituto Ayrton Senna. Recuperado de www.socioemocionais. porvir.org

*Estudos da OCDE sobre competências: competências para o progresso social; o poder das competências socioemocionais/Ocde – Organização para Cooperação e Desenvolvimento Econômicos* (2015). São Paulo: Fundação Santillana, 15-09824 C

*Guia BNCC: construindo um currículo de educação integral.* Recuperado de https://institutoayrtonsenna.org.br/pt-br/BNCC.html

Instituto Ayrton Senna. Recuperado de https://institutoayrtonsenna.org.br/pt-br/como-atuamos.html

Patti, C. (2016; alterado em 2019). 10 competências de que todo profissional vai precisar até 2020. Recuperado de https://exame.com/carreira/10-competencias-que-todo-professional-vai-precisar-ate-2020. Acesso em 2019.

Salvador, A. R., & Toas, A. J. (2013). Projeto Integrador: uma ferramenta de ensino/aprendizagem em cursos técnicos. Atualidades tecnológicas para competitividade industrial. *Educação* (Florianópolis: Senai), n. esp., 69-102.

Senna, V. (2005). Modelo de escola atual parou no século 19. Entrevista concedida a Ruth Costas (repórter da BBC) em 5 junho de 2015. Recuperado de http://wwdw.bbc.co.UK/portuguese/repórter. Acesso em 2019.

Werthein, J., & Cunha, C. (2000). *Fundamentos da nova educação*. Brasília: Unesco. Recuperado de https://egov.ufsc.br/portal/sites/default/files/a_sociedade_em_rede_-_do_conhecimento_a_acao_politica.pdf. Acesso em 2020.

# 3 Elaboração de enunciados de problemas em escolares por meio do Jogo Quilles

## A construção de novos campos simbólicos

*Rosely Palermo Brenelli*

Pesquisas com jogos de regras destacam em seus resultados a importância e a expressiva contribuição desse recurso ao desenvolvimento, ensino e aprendizagem de escolares. No presente trabalho nos propusemos a estudar as condutas de escolares, relativas à construção de enunciados escritos de problemas de estruturas aditivas, a partir de uma intervenção com o jogo de regras Quilles. A seguir, verificar as possibilidades dessa atividade em favorecer avanços na organização das informações no contexto simbólico da escrita.

Inspiraram esta investigação os trabalhos de Busquets (1996); Fortuny e Leal (1987); Moreno (1987); Granell (1998); Vergnaud (1991); Brenelli (2002); Piaget [1977], (1995) e Piaget [1980], (1996).

## As dificuldades do aluno na elaboração de enunciados escritos de problemas aditivos

Os estudos voltados a esta temática indicam as dificuldades dos alunos em elaborar enunciados escritos de problemas, mesmo quando apoiados na aprendizagem de relações aditivas previamente construídas.

Busquets (1996) analisou 75 crianças de 7 a 11 anos, a partir do êxito obtido por elas em três operações aditivas, formuladas por meio de algoritmos, apresentando cada qual uma incógnita diferente na operação, tais como: 4 + 5

== ?; 4 + ? = 6; ? + 3 = 5. Em seguida pediu 4 às crianças que elaborassem por escrito os enunciados de problemas. Os resultados revelaram diferentes graus de dificuldades porque a criança, ao passar de um sistema simbólico a outro, ou seja, do algoritmo matemático à escrita, o contexto operacional se modifica e o raciocínio exigido implica um novo processo que requer uma nova organização da informação, uma vez que evoca uma representação distinta da realidade. A generalização do conhecimento previamente adquirido não ocorre automaticamente, necessita de uma nova reconstrução, o que produz defasagem.

Os trabalhos de Vergnaud (1991) elucidam essas defasagens pela variedade de relações aditivas existentes, as quais implicam adições e subtrações que acarretam graus distintos de complexidade; em seu dizer: "a complexidade dos problemas de tipo aditivo varia em função, não somente das diferentes categorias de relações numéricas [...] mas também em função das diferentes classes de problemas que se podem propor para cada categoria" (p. 123). (O autor analisa seis categorias de relações aditivas nas quais intervêm diferentes classes de problemas). Além dessas complexidades inerentes, explicadas por Vergnaud, Busquets aponta para as dificuldades de ordem linguística.

Fortuny e Leal (1987) destacam que para compreender as dificuldades linguísticas faz-se necessário considerar os aspectos cognitivos subjacentes à produção linguística, quer oral ou escrita, caso contrário corre-se o risco de cair em um verbalismo desprovido de significado.

A relação da linguagem com as estruturas de pensamento se manifesta com frequência nas expressões: mais, menos, em cima, embaixo, antes, depois, que são a tradução verbal das estruturas do pensamento correspondentes às noções de quantidade, espaço e tempo próprias da nossa cultura. Afirmam Fortuny e Leal (1987, p. 158) "a compreensão e a utilização correta das palavras supõem estruturação de uma série de operações lógicas, que de nenhum modo se transmitem de imediato no momento de ensinar uma palavra nova, senão que esta estruturação se apoia nas operações mentais do sujeito; operações que são fornecidas pela linguagem e pela atividade do sujeito".

Acrescenta-se a essas considerações, relativas à dificuldade que a criança enfrenta no domínio conceitual da adição e subtração, a intervenção de subsistemas cognitivos as quais, segundo Piaget [1980] (1996), implicam direções opostas e necessitam ser coordenados numa relação de interdependência. Essa interdependência, para o autor, se constitui segundo um processo dialético construtivo.

Piaget [1980] (1996) ao estudar o processo dialético em problemas de igualação e construção de diferenças, um exemplo lógico-matemático, afirma:

> os matemáticos falam muito pouco de dialética, enquanto sua disciplina é, sem dúvida, a que produz o maior número de superação por síntese e a que mais constrói seus próprios conteúdos [...]. Essa ausência de interesse dos matemáticos pela dialética significa simplesmente que eles se apegam às suas conquistas, uma vez asseguradas, e não aos processos que conduziram a elas [...] a dialética deve ser situada no campo da invenção da heurística mais do que no campo das estruturas concluídas (p. 41-42).

Os processos dialéticos permitem a construção de novos quadros conceituais e no campo da aritmética é revelado pela interdependência entre adição e subtração e vice-versa.

A compreensão das relações aditivas, em suas diferentes formas, não se reduz a resolver operações de adição e subtração mediante os sinais mais (+) ou menos (-). A interdependência desses sistemas opostos encerra relações entre estados e transformações.

Para elaborar enunciados de problemas é preciso contar com a compreensão desta interdependência em um novo contexto simbólico, o da explicitação, e, para tal, supõe sucessivas tomadas de consciência que conduzem às conceituações progressivas.

O raciocínio matemático avança à medida que avança o raciocínio infantil, em geral, e isso obriga as reestruturações e reorganizações que abrem novos campos de generalização. A esse respeito, afirma Moreno (1987):

> resolver problemas colocados pelo professor, ou pelos manuais, não exercita precisamente a capacidade de abstrair, favorece a generalização quando as noções matemáticas foram construídas previamente pelo aluno. Entretanto, o maior desafio não é tanto a resolução de problemas, mas a sua formulação (p. 26).

Como apontou Busquets (1996), construir enunciados supõe um novo contexto operacional que ultrapassa o campo anterior. Compreender esse novo contexto depende de reconstruções efetuadas em novos patamares graças aos processos de abstração reflexiva e generalizações completivas porque implicam construções novas.

Piaget [1977] (1995) explica a construção do pensamento matemático por meio dos processos de abstração reflexiva por se tratar de formas cada vez mais independentes dos objetos. Para o aluno compreender os conteúdos aritméticos, esse processo é ativado porque são utilizados símbolos, são de natureza abstrata e a linguagem é formal (Granell, 1998). Aprender matemática significa dominar e usar significativamente essa linguagem; somente a linguagem cotidiana não é suficiente. Entretanto, é preciso partir desta última até chegar à linguagem dos símbolos abstratos.

Granel destaca que no ensino tradicional da matemática, o caráter sintático é mais acentuado que o caráter semântico, ou seja, essa forma de ensinar está mais centrada na aplicação de regras que na compreensão do significado.

Nesse sentido, é importante que a linguagem cotidiana e as experiências dos alunos possam ser reconstruídas no plano da simbolização. Para tanto, é necessário cultivar as atividades criadoras do aluno, as ações e reflexões sobre elas, e não se ater apenas à constatação material dos objetos, mesmo que estes estejam revestidos de símbolos ou sinais.

Essas considerações se orientam para um ensino formalizante e não apenas formalizado como analisa Macedo (1994). Um ensino formalizante é aquele cujos fundamentos se baseiam nas observações dos alunos, nas experiências de natureza lógico-matemáticas, e assim permitir aos estudantes as reconstruções, as comparações que conduzem às reestruturações das representações. Em suma, é preciso que sejam desencadeados os processos de abstração reflexiva, mecanismo essencial na construção e na aprendizagem de conteúdos aritméticos, visando a reflexão como ponto de chegada, à ação como ponto de partida e ao domínio dos meios na busca das razões dos resultados alcançados, os quais convergem para o domínio conceitual.

Nesse contexto, e nos resultados de pesquisas que temos desenvolvido com jogos de regras (Brenelli, 1996(a); 1996(b); 1999; 2001; Silva e Brenelli (2006); Brenelli (2011), dentre outros, propusemos uma análise do Jogo Quilles, com o objetivo de favorecer a construção de enunciados escritos de problemas aditivos, a qual resultou na elaboração dos procedimentos de intervenção do presente estudo.

## A pesquisa

Participaram da pesquisa 30 alunos de 4ª séries ou 5º ano de duas escolas públicas. Tivemos como critério de seleção, alunos com êxito na solução de três operações aditivas, formuladas por meio de algoritmos, apresentando cada qual uma incógnita diferente na operação $4 + 5 = ?$; $4 + ? = 6$; $? + 3 = 5$.

A coleta de dados ocorreu em três etapas:

– Avaliação inicial (AI) em que cada participante elaborou, individualmente, por escrito, enunciados de problemas a partir dos algoritmos apresentados.

1ª situação: 4 + 5 = ?; 2ª situação: 4 + ? = 6; 3ª situação: ? + 3 = 5.

• Aplicação do Jogo Quilles em duplas (organizadas de forma aleatória) em quatro sessões abrangendo distintas situações: jogo conforme as regras oficiais e jogo com variações.

• Avaliação final (AF) cada participante elaborou individualmente por escrito enunciados de problemas a partir dos algoritmos apresentados, conforme a Avaliação Inicial (AI).

## Procedimentos de Intervenção: aplicação do Jogo Quilles

Ressaltamos os procedimentos da intervenção, por acreditarmos que a análise do Quilles possa ser útil aos professores ou psicopedagogos para trabalharem com seus alunos, solicitando-os, via jogo, a elaboração de enunciados escritos de problemas aditivos.

### Quilles – Descrição do jogo

O Quilles é o primeiro boliche que o homem inventou há 600 anos. É constituído por um tabuleiro em madeira, onde se encontram marcados os lugares em que 9 pinos de madeira serão colocados. Em uma haste, presa por um barbante, encontra-se uma bola. A regra: o jogador deve lançar a bola, mirando os objetivos (pinos) e derrubá-los. Quanto mais pinos forem derrubados, maior será o número de pontos.

## Situações de intervenção

### 1ª situação (conforme a regra oficial do jogo)

O participante joga um lance por vez, intercaladamente com seu parceiro. Ao término de cada lance, o participante registra os pontos obtidos e, no final, determina o vencedor. Para determinar o total de pinos derrubados em cada jogada, o sujeito poderá enumerá-los e somar os subtotais dos respectivos lances, obtendo o resultado dos pontos obtidos. Nessa situação tem-se:

**Dados conhecidos** – pontos obtidos no 1º lance (situação inicial) e pontos obtidos no 2º lance (transformação aplicada); **Incógnita** – resultado do jogo (situação final ou o resultado da operação). Durante ou após o jogo, o experimentador propõe aos participantes: **Reconstituição oral das jogadas** – solicitar que o aluno explique o que aconteceu no jogo. **Construção do algoritmo** – "como você mostraria no papel usando a matemática"? **Construindo enunciados escritos** – "pensando no que aconteceu no jogo, como você inventaria um problema"? Você poderia inventar um outro problema pensando nesse registro de pontos. Ex.: 6 + 5 = ..?..

### 2ª situação – Jogo com dois lances sucessivos

Essa situação consiste em variar a regra proposta, incluindo mais um lance. Numa mesma jogada o participante fará dois lances sucessivos, sem voltar a colocar os pinos em pé, devendo inferir quantos pinos foram derrubados no segundo lance para, em seguida, determinar o total de pinos derrubados. Para saber o número de pinos derrubados no segundo lance é preciso evocar o número de pinos que caíram antes. Isto porque os pinos se misturam após os dois lances, dificultando a quantificação daqueles que haviam sido derrubados por ocasião do segundo lance.

**Construção do algoritmo** – Como você marcaria no papel usando a matemática? Observa-se que nesta situação, os dados conhecidos são a situação inicial e a situação final, sendo a incógnita a transformação aplicada à situação inicial.

**Reconstituição das jogadas** – "Como você fez para descobrir quantos caíram"? A reconstituição permite ao jogador tomar consciência da operação inversa necessária para determinar o que foi obtido no segundo lance; observar se o procedimento de resolução se baseia no cálculo por "complemento" ou na operação inversa: a subtração.

## Variação A – Segundo lance atrás de um anteparo

Um dos jogadores faz o 1º lance diante do adversário, já o segundo é realizado atrás de um anteparo. A seguir, o jogador apresenta o tabuleiro com os pinos que foram derrubados. O jogador na sua vez informa seu parceiro dos pontos obtidos a respeito da primeira jogada e do total obtido.

Nessa modalidade tem-se: **Dados conhecidos** – situação inicial (pontos da 1ª jogada) e a situação final (total de pontos obtidos). **Incógnita** – encontra-se na transformação aplicada (pontos da 2ª jogada).

Solicita-se a **reconstituição das jogadas** ressaltando como as ocorrências do jogo são relatadas. Permite a organização do pensamento considerando as retroações e a tomada de consciência dos meios utilizados em função dos resultados obtidos. **Construção do algoritmo** – apoiado nos pontos obtidos. **Construindo enunciados escritos** – pensando no que aconteceu no jogo, como você inventaria um problema para seu colega resolver. **Proposição de um algoritmo** – como você inventaria um problema pensando nesse registro: 3 ++..?.. = 8.

## Variação B – 1º e 2º lances atrás de um anteparo

O jogador na sua vez, atrás de um anteparo, faz dois lances sucessivos. Sem levantar os pinos informa ao parceiro os pontos obtidos no 2º lance e mostra o total de pinos derrubados (retirando o anteparo), explicitando o total de pontos obtidos.

Nessa variação tem-se:

**Dados conhecidos** – pontos obtidos no segundo lance (transformação aplicada) e o total de pontos obtidos (situação final). **Incógnita** – pontos obtidos no 1º lance (situação inicial). **Reconstituição oral das jogadas** – O que aconteceu no jogo? **Construção do algoritmo** – Como você mostraria no papel usando a matemática? **Construindo enunciados escritos** – pensando no que aconteceu no jogo, como você inventaria um problema? **Propor um algoritmo** – Como você inventaria um problema pensando nesse registro: ..?.. + 3 = 9.

## Análise dos resultados

**Avaliação inicial: enunciados escritos de problemas aditivos a partir dos algoritmos dados**

**1ª situação** 4 + 5 = ..?.. – Os dados conhecidos correspondem à situação inicial e transformação aplicada. A incógnita encontra-se na situação final.

Três condutas foram observadas: **conduta 0** – utiliza outras operações; **conduta I** – incógnita deixa de existir; **conduta II** – incógnita em forma de pergunta.

Exemplos:

**Conduta 0** – Utiliza outras operações. "Em uma caixa há 4 laranjas. Quantas laranjas terão em cinco caixas"? **Conduta I** – Solucionam o cálculo da operação mentalmente, uma vez obtido o dado que faltava (situação final), formulam um enunciado em um contexto empírico ao algoritmo dado, no qual a incógnita deixa de existir. 4 + 5 = ..?.. – "Rogério tinha 4 balas e Suzana 5. Eles tinham que fazer o quê para dar o resultado de 9?

**Conduta II** – Formulam um enunciado construindo um contexto empírico ao algoritmo dado, apresentando incógnita em forma de pergunta. 4 + 5 = ..?.. – Mariana tem 4 bonecas e Samanta 5. Elas têm quantas no total?

**2ª situação 4 + ..?.. = 6** – Os dados conhecidos são: situação inicial e final. A incógnita encontra-se na transformação aplicada à situação inicial. Nesta situação foram observadas quatro condutas: conduta 0 – utiliza outras operações; **conduta I** – introduz a incógnita como dado conhecido e formula como incógnita os resultados da operação; **conduta II** – tentativa de formular a incógnita com variações II A e II B; **conduta III** – todos os dados explicitados e incógnita em seu devido lugar, com variações III A e III B.

Exemplos:

**Conduta 0** – utiliza outras operações; **Conduta I** – Resolvem mentalmente a operação e formulam o enunciado introduzindo como dado conhecido o que era a incógnita e formulam como incógnita o resultado da operação. 4 + ..?.. = 6 – "No meu aniversário eu ganhei 4 saias da minha avó e 2 blusas. No total, quantas peças de roupa eu ganhei"?

**Conduta II** – Tentativas de formular a incógnita respeitando o lugar que ocupa com variações II A e II B; **Conduta II-A** – Constroem o enunciado relatando o procedimento utilizado para deduzir a incógnita, mantendo na formulação do problema a descrição da operação inversa efetuada mentalmente – a incógnita não é revelada. 4 + ..?.. = 9 – "Marcos tinha 9 laranjas, chupou 4. Com quantas laranjas Marcos ficou"? 4 + ..?.. = 6 – "José tem 6 biscoitos, comeu 4. Quantos ele ficou"? **Conduta II-B** – Situa em um contexto real, alguns dados e não outros, mas mantém a incógnita. 3 + ..?.. = 8 – "Meu pai tinha 3 bolas, mais quantas para ele ficar com 8"? 4 + ..?.. = 6 "Tenho 4 lápis com mais quanto ficarei com 6"?

**Conduta III** – Formulam o enunciado com todos os dados explicitando a incógnita em forma de pergunta, respeitando o lugar que ocupa com variações III A e III B.

Exemplos:

**Conduta III-A** – Formulam o enunciado com os dados conhecidos em um contexto real, explicitando a incógnita e depois formulam a pergunta.

Essa conduta se avalia pela necessidade de explicitar todos os termos e em seguida perguntar. "Minha mãe me deu 4 bonecas, ganhei algumas do meu pai e fiquei ao todo com 6 bonecas. Quantas bonecas ganhei do meu pai"?

**Conduta III-B** – Formulam corretamente o enunciado com todos os termos contextualizados, colocando a incógnita em forma de pergunta. 4 + ..?.. = 6 – "Comprei 4 pirulitos, mas quero ficar com 6 pirulitos. Quantos irei comprar"? "Tinha 4 camisas com as que ganhei no natal, fiquei com 6. Quantas camisas eu ganhei"?

**3ª situação** – ..?.. + 3 = 5. Os dados conhecidos são situação final e transformação aplicada. A incógnita encontra-se na situação inicial.

**Conduta 0** – não foi observada nessa situação. Ou seja, nenhum participante fez uso de outras operações.

**Condutas observadas I A** – Introduz a incógnita como dado conhecido, formula como incógnita o resultado da operação **I B** – enunciados cuja incógnita é elaborada para a transformação aplicada e não para a situação inicial (idêntica à 2ª situação); **conduta II** – tentativa de formular a incógnita com variações II A e II B. **Conduta III** – Todos os dados são explicitados e a incógnita encontra-se em seu devido lugar. Observou-se somente variação III A que se pauta na necessidade de explicitar minuciosamente todo o contexto para depois formular a questão. Ocorre uma descrição na qual a questão já está incluída, só que em forma afirmativa e não interrogativa.

Exemplos:

**Conduta I-A** – Resolvem mentalmente a operação e formulam o enunciado introduzindo como dado conhecido o que era a incógnita e formulam como incógnita o resultado da operação ..?.. + 4 = 9 – "Cláudia ficou no trabalho de professora por 5 horas no período da manhã e mais 4 horas no período da tarde. Quantas horas Cláudia ficou no trabalho"? **Conduta I-B** – Enunciados que consideram a incógnita na transformação aplicada e não à situação inicial. ..?.. + 3 = 5 – "Comprei 3 borrachas e vou comprar mais algumas para ficar com 5. Quantas comprarei"? (como se o algoritmo fosse 3 + ..?.. = 5).

**Conduta II-A** – Descrevem o procedimento utilizado para deduzir a incógnita, mantendo, na formulação do problema, a descrição da operação inversa. ..?.. + 3 = 5 "Paula tinha 5 reais e comprou um jogo que custou 3 reais. Quanto sobrou de troco"? (resolução em forma de algoritmo):

$$\frac{\begin{array}{r}5\\-3\end{array}}{2}$$

**Conduta II-B** – Situam em um contexto real alguns dados e não outros, mas mantém a incógnita. ..?.. + 3 = 5 – "Carolina tinha, ganhou mais 3 e ficou com 5. Quantas bonecas Carolina tinha"?

**Conduta III** – Formulam o enunciado explicitando os termos em um contexto real e a incógnita em forma de pergunta no lugar que ocupa. **Conduta III-A** – Necessidade de explicitar **todos** os termos e finalmente perguntar seguindo a direcionalidade da operação...?.. + 3 = 5 – "Uma mulher derrubou tantas bolas no começo do boliche, depois 3 e no total deu 5. Quantas bolas ela derrubou no começo"? ..?..+ 4 – 9 – "Tinha um tanto de figurinhas, ganhei mais 4 e aí fiquei com 9". Qual tanto tinha primeiro? Não se observou **conduta III-B** – na qual se previa a formulação correta do enunciado colocando a incógnita em forma de pergunta, sem necessidade de explicitar todos os termos para só em seguida perguntar.

## Análise da intervenção

As etapas analisadas nas diferentes modalidades de jogo foram: reconstituição oral das jogadas; registros gráficos (uso de algoritmos); construção escrita de enunciados de problemas; proposição de um problema a partir de um algoritmo dado.

Em todas essas etapas, nas distintas modalidades de jogo, pôde-se observar nos participantes certo movimento evolutivo, em maior ou menor extensão em direção à compreensão desse novo campo conceitual. Esse movimento dependia do nível inicial do participante para maior ou menor mobilidade nas três situações distintas do contexto lúdico.

A primeira situação – **"jogo conforme as regras"** – as reconstituições orais, os registros e a construção escrita de enunciados mostraram-se "fáceis" para os participantes, exceto para um deles, em que se observou evolução na construção da incógnita colocada na situação final em forma de pergunta.

As dificuldades se ampliavam na 2ª situação e dessa para a 3ª situação de jogo, contudo, as reconstituições orais, registros, gráficos, interação entre os pares permitiram melhoras na construção escrita de enunciados. Estes se apresentavam bastante colados à situação experienciada e, diante de um algoritmo dado, o contexto empírico não se alterava. Pôde-se no jogo observar a colocação exata da incógnita, principalmente na Variação A – descoberta, do 2º lance. Já para a descoberta do 1º lance, Variação B, as dificuldades foram maiores, alguns superavam, outros resolviam fazendo uso das condutas próprias da Variação A. Nesse sentido, pode-se dizer que há um certo "caminho" a percorrer na construção de enunciados escritos de problemas, uma vez que cada situação envolvia relações aditivas com diferentes graus de complexidade. Para melhor compreender esse movimento de construção, apresentaremos o protocolo de uma dupla de participantes designados aleatoriamente por GUI (10,0 anos) e NIC (10,5) em todas as etapas relativas às sessões com o Jogo Quilles.

## Análise do jogo de Gui (10,0) com o parceiro Ni (10,5 anos) (Movimento de construção)

1ª etapa – Jogo conforme as regras oficiais (descobrir o total de pontos)

Gui: Reconstituição das jogadas: "Na 1ª jogada derrubei 5 pinos, na segunda derrubei 5 de novo, 5 + 5 dá 10. Eu ganhei!" Enunciado escrito – apresenta como dado conhecido a incógnita tal qual seu relato (nível I). Outros enunciados escritos de Gui: "Eu derrubei 10 pinos e Ni 9. Quem derrubou mais?" (enunciado que revela a ideia de comparar), embora se observe a presença da operação de subtração não descreve o solicitado pela situação. Depois: "Eu derrubei 3 pinos uma vez, depois mais 5. Quantos derrubei?" – elabora a incógnita em forma de pergunta. Gui parte no jogo da conduta I e vai para a II, colocando a questão para a incógnita na situação final.

2ª etapa – Jogo com dois lances sucessivos (incógnita 2º lance)

Gui: Reconstituição – "Derrubei 2 na segunda jogada, mas como tinha derrubado 7, então derrubei 9 no total". Gui descreve oralmente a incógnita como dado conhecido: algoritmo 7 + 2 = 9. Enunciado escrito – "Na segunda vez derrubei 3 pinos. Com 7 derrubados, então na primeira vez derrubei 4". Apresenta a incógnita como dado conhecido e não elabora uma pergunta.

Reconstituição de Ni – Ni informa à Gui: "Derrubei 6 pinos na primeira, mostra o tabuleiro com 8 pinos derrubados. Elabora a questão: "Quantos derrubei na segunda?" Gui registra – 2 + 6. Reconstituição de Gui: "Derrubei 2 na primeira

47

tenho tudo 6" (não elabora a pergunta), o experimentador coloca: O que Ni tem que adivinhar? – "A segunda". Outra reconstituição de Gui: "No Jogo, Ni derrubou 6 pinos na 1ª jogada". Na segunda, ele não sabe e ficou com 8. Quantos pinos ele derrubou na 2ª jogada?" Observa-se que Gui, nesta reconstituição, explicita todos os dados e elabora a incógnita em forma de pergunta. Vê-se uma evolução na forma de reconstituir. Enunciado escrito apresenta nível II B (situa em contexto real alguns dados e não outros, mas mantém a incógnita). "Derrubou 6 na primeira, ele não sabe e ficou com 8. Quantos derrubou na segunda?"

Variação B – Jogo com 1º e 2º lances atrás do anteparo (incógnita – 1º lance). Gui não apresenta evoluções, mantém as aquisições anteriores e generaliza para essa situação. Enunciados escritos – Gui introduz a incógnita como dado conhecido e formula como incógnita o resultado do problema. Nas reconstituições, Gui descreve as ocorrências do jogo em ordem linear ou inversa com todos os dados explicitados, sem formular a pergunta. "Ele jogou e conseguiu 8, na segunda disse que derrubou 4 e na primeira derrubou 4 também". "Na primeira derrubou 4 depois 4 e ficou com 8".

## Síntese dos resultados – avaliação inicial e final

Elaborou-se a Tabela I que apresenta as condutas dos 30 participantes na Avaliação inicial (AI) e na Avaliação final (AF) nas distintas situações que solicitavam a elaboração de enunciados escritos a partir dos algoritmos dados.

Tabela I – Enunciados escritos a partir dos algoritmos – Avaliação inicial e final (AI e AF)

| Situação | Condutas | | |
|---|---|---|---|
| 1ª<br>4 + 5 = ?<br><br>**Dados conhecidos**<br>situação inicial e transformação aplicada | 0 – utiliza outras operações<br><br>AI → N = 1 | I – incógnita deixa de existir<br><br>AI → N = 1 | II – incógnita em forma de pergunta<br><br>AI → N = 28 |
| **Incógnita**<br>situação final | AF → n = 0 | AF → N = 0 | AF → N = 30 |

48

|  |  |  | II – Tentativa de formular a incógnita |  | III – Todos os dados explicitados e incógnita em seu devido lugar |  |
|---|---|---|---|---|---|---|
| **2ª** $4 + ? = 6$ | 0 utiliza outras operações | I – introduz a incógnita como dado conhecido, formula como incógnita o resultado da operação | II. A – o enunciado descreve a operação inversa (subtração) para deduzir a incógnita | II. B – situa em um contexto real alguns dados e não outros, mas mantém a incógnita | III. A – formula os dados conhecidos em um contexto real, explicitando a incógnita e depois formula a pergunta; necessidade de explicitar todos os termos e em seguida perguntar | III. B – formula corretamente o enunciado colocando a incógnita em forma de pergunta |
| **Dados conhecidos** situação inicial e final | AI → N = 1 | AI → N = 6 | AI → N = 8 | AI → N = 6 | AI → N = 6 | AI → N = 3 |
| **Incógnita** transformação aplicada à situação inicial | AF → N = 0 | AF → N = 1 | AF → N = 3 | AF → N = 1 | AF → N = 13 | AF → N = 12 |
| **3ª** $? + 3 = 5$ | I.A – introduz a incógnita como dado conhecido, formula como incógnita o resultado da operação | I.B – enunciados cuja incógnita é elaborada para a transformação aplicada, e não para a situação inicial (igual a $4 + ? = 6 -$ 2ª situação) | II. A | II. B | III. A | III. B |
| **Dados conhecidos** situação final e transformação aplicada | AI → N = 10 | AI → N = 4 | AI → N = 9 | AI → N = 4 | AI → N = 3 | AI → N = 0 |
| **Incógnita** situação inicial | AF → N = 1 | AF → N = 1 | AF → N = 9 | AF → N = 5 | AF → N = 14 | AF → N = 0 |

Na Tabela I podemos observar que elaborar enunciados escritos a partir de algoritmos, em que a incógnita se encontra na situação final, foi mais fácil para os participantes. Mesmo na avaliação inicial, observamos que apenas dois deles não obtiveram êxito; fato não ocorrido na ocasião da avaliação final, pois todos os alunos (N = 30) apresentaram elaborações escritas com a incógnita em forma de pergunta. Ressalta-se que de acordo com Vergnaud (1991) e Busquets (1996) esta é uma relação bastante elementar, frequentemente a mais proposta na escola.

Nas situações seguintes, a complexidade das relações aditivas aumenta (Vergnaud, 1991; Busquets, 1996). Para a segunda situação (incógnita na transformação aplicada), observamos variações na avaliação inicial; encontramos participantes (cf. Tabela I) apresentando resultados que expressam as diversas condutas. Já a avaliação final, indica maior concentração dos mesmos em direção à conduta III (A e B), se bem que ainda se observa, em menor número, alunos apresentando condutas tipos I e II. Contudo, pôde-se observar um movimento em direção às condutas mais complexas. Frutos de processos cognitivos, como abstração reflexiva e generalizações completivas, que possibilitam a organização da informação dada no algoritmo em um novo plano.

Para a situação 3, na qual a incógnita encontra-se na "situação inicial", observa-se na avaliação final uma diminuição expressiva do número de participantes nas condutas IA (de 10 para 1, respectivamente entre a AI e AF). Nesta situação, destacamos uma conduta IB, a qual repete a situação 2 (enunciados cuja incógnita é elaborada, em forma de pergunta, para a transformação aplicada). Na conduta tipo II, encontramos na AI e AF nove participantes. Entretanto, observa-se, por outro lado, um movimento de 3 participantes (AI) para 14 (AF) que alcançam a conduta III A; houve formulação do enunciado, respeitando o lugar da incógnita (situação inicial), prevalecendo a necessidade de explicitar minuciosamente todos os termos do algoritmo no problema formulado.

O que se mostrou interessante no presente estudo, foi observar os passos construtivos na elaboração de enunciados escritos dos problemas de estrutura aditiva.

**Situação 1 (4 + 5 = ..?..)** – a incógnita deixa de existir por ser introduzida como dado conhecido. A incógnita é revelada em forma de pergunta.

**Situações 2 (4 + ..?.. = 6) e 3 (..?.. + 3 = 5)** – a incógnita é formulada para o resultado da operação, repetindo nestas as resoluções corretas da situação 1, como se fossem ignoradas as diferenças entre algoritmos.

Observa-se nesta conduta uma generalização indutiva, passagem extensiva de um para todos, isto é, a solução da **situação 1** é generalizada para as situações **2** e **3**, sem que haja uma reorganização por abstração reflexiva e generalização completiva.

Quando na situação 2 (4 + ..? = 6) a formulação é correta (incógnita em forma de pergunta respeitando seu lugar na transformação aplicada), esta se generaliza também de forma indutiva para a **situação 2** (..?.. + 3 = 5). Ou seja, o enunciado é formulado mantendo a pergunta como se a incógnita se encontrasse na transformação aplicada (idêntica à situação 2) e não na situação inicial. Processo análogo ao observado na passagem da situação 1 para a 2, indicando a complexidade do problema e a necessidade dos processos de abstração e generalização de natureza completiva.

Observou-se uma conduta interessante na tentativa de o aluno formular a pergunta. Respeitando o lugar da incógnita, o enunciado descreve a operação inversa realizada antes por cálculo mental, como se fosse um "retrato imagético", contudo, dotado de reversibilidade. A partir desse passo, observou-se outro que o supera: a incógnita é mantida no lugar, mas não é formulada como pergunta. Podemos compreender essa ocorrência fazendo apelo aos processos de equilibração; as lacunas existem e ainda não são suficientemente reguladas por meio dos *feedbacks* positivos e negativos. Há superação parcial, porém, ainda não completa.

Finalmente, encontramos um último processo construtivo em direção à elaboração correta de enunciados escritos – todos os dados são explicitados e a incógnita é formulada considerando seu devido lugar, conduta III. Nesta, vale acentuar que encontramos diferenças que designamos III A e III B. Para a primeira, todos os termos são "minuciosamente" explicados e, em seguida, a pergunta é elaborada. Para a segunda, esta necessidade deixa de existir.

Estas considerações nos permitem inferir que a construção de enunciados escritos, observados em nossos participantes, obedece a um processo de equilibração local, restrito à tarefa proposta. Por ser esta última de natureza lógico-matemática, exige a construção de conceitos distintos que envolvem a interdependência entre as operações (adição e subtração), mas em um novo plano representativo, a escrita. A razão destas defasagens encontradas, ou das diferentes condutas evolutivas de realização, pode ser explicada pelos processos de abstração reflexiva e generalizações completivas responsáveis pela elaboração de conceitos; em suma, de organizações ou reorganizações em contextos simbólicos diferenciados.

## Considerações finais

Os resultados do nosso estudo evidenciam evoluções dos participantes, uma vez que os mesmos puderam no contexto lúdico, construir representações que abrangem diferentes contextos simbólicos (representações gráficas – algoritmo, linguagem oral e escrita) a partir de ações efetuadas no jogo.

Verificou-se a complexidade de cada situação e as evoluções parciais dos alunos em direção ao domínio desse campo conceitual, ou seja, a formulação escrita de problemas que envolvem diferentes relações aditivas.

Construir enunciados escritos exige uma reconstrução laboriosa no plano do pensamento, mesmo quando apoiados na aprendizagem de relações aditivas previamente construídas (resolução dos algoritmos). Essa reconstrução seria desencadeada pelos processos de equilibração, apoiados na abstração reflexiva e generalização completivas, responsáveis pelas construções conceituais.

Acreditamos que o Jogo Quilles em suas diferentes modalidades contribuiu para desencadear esses processos. Os resultados nos levam a enfatizar o importante papel que tem o jogo na aprendizagem escolar.

## Referências

Brenelli, R. P. (1996a). Uma proposta psicopedagógica com jogos de regras. In F. F. Sisto, G. C. Oliveira, L. D. T. Fini, M. T. C. C. Souza, & R. T. Brenelli (orgs.). *Atuação psicopedagógica e aprendizagem escolar* (pp. 140-162). Petrópolis: Vozes.

Brenelli, R. P. (1996b). *O jogo como espaço para pensar: a construção de noções lógicas e aritméticas*. Campinas: Papirus.

Brenelli, R. P. (1999). Jogos de regras em sala de aula: um espaço para construção operatória. In F. F. Sisto (org.). *O cognitivo, o social e o afetivo no cotidiano escolar* (pp. 69-88). Campinas: Papirus.

Brenelli, R. P. (2001). Espaço lúdico e diagnóstico em dificuldades de aprendizagem: contribuição do jogo de regras. In F. F. Sisto, E. Boruchovitch, L. D. T. Fini, R. P. Brenelli, & S. C. Martinelli (org.). *Dificuldades de aprendizagem no contexto psicopedagógico* (pp. 167-189). Petrópolis: Vozes.

Brenelli, R. P. (2002). A elaboração de enunciados de problemas aditivos no contexto dos jogos de regras. In Sociedade Brasileira de Psicologia da Educação Matemática, & Sociedade Brasileira de Educação Matemática (orgs.). *Anais Simpósio Brasileiro de Psicologia da Educação Matemática* (pp. 161-172). Curitiba: Universidade Federal do Paraná/Universidade de Tuiuti do Paraná/Pontifícia Universidade Católica do Paraná/UTP.

Brenelli, R. P. (2011). Aspectos figurativos e operativos do conhecimento nos jogos. In O. D. A. Montoya, A. Morais-Shimizu, V. E. Ribeiro Marçal, & J. F. Bassi Moura (orgs.). *Jean Piaget no século XXI: escritos de epistemologia e psicologia genéticas* (pp. 87-95). São Paulo/Marília: Cultura Acadêmica/Oficina Universitária.

Busquets, M. D. (1996). Resolução e formulação de problemas. In O. Z. Mantovani de Assis, & M. Camargo de Assis, M. (orgs.). *Anais XII do Encontro Nacional de Professores do Proepre. Construtivismo e educação* (pp. 75-78). Campinas: Unicamp.

Fortuny, J., & Leal, A. G. (1987). Lenguaje y realidad. In M. M. Moreno, & Equipo del Imipae del Ayuntamiento de Barcelona (orgs.). *La pedagogia operatória* (pp. 157-179). Barcelona: Laia.

Granell, C. G. (1998). Rumo a uma epistemologia do conhecimento escolar. O caso da educação matemática. In M. J. Rodrigo, & J. Arnay (orgs.). *Domínio do conhecimento, prática educativa e formação de professores: a construção do conhecimento escolar* (pp. 79-93). São Paulo: Ática.

Macedo, L. (1994). *Ensaios construtivistas*. São Paulo: Casa do Psicólogo.

Moreno, M. M. (1987). *La pedagogia operatória I*. Barcelona: Gedisa.

Piaget, J. (1995). *Abstração reflexionante: relações lógico-aritméticas e ordem das relações espaciais* [1977]. Porto Alegre: Artes Médicas.

Piaget, J. (1996). *As formas elementares da dialética* [1980]. São Paulo: Casa do Psicólogo.

Silva, M. J. C., & Brenelli, R. P. (2006). A construção dialética da adição e subtração no Jogo Gamão. In M. C. Joly, & C. Vectore (orgs.). *Questões de pesquisa e práticas em psicologia escolar* (pp. 145-169). São Paulo: Casa do Psicólogo.

Vergnaud, G. (1991). *El niño, las matemáticas y la realidad: problemas de La ensiñanza de lãs matemáticas em la escuela primaria*. México: Trillas.

# 4 Como se manter motivado para atividades de estudo e aprendizagem?

## A família e a escola em ação

*Evely Boruchovitch*
*José Aloysio Bzuneck*

O presente capítulo tem por objetivo propor linhas de ação para que professores, psicólogos escolares e psicopedagogos possam orientar pais que apresentem a seguinte e frequente pergunta: o que devo fazer para que meu filho estude para as provas e faça o dever de casa por vontade própria, sem que eu tenha que insistir e cobrar o tempo todo? Em geral, os pais costumam alegar que têm pouco tempo para cuidar disso, uma vez que trabalham fora praticamente o dia todo. Mas, na realidade, essa pergunta pode ser interpretada em sentido mais amplo: como posso contribuir para que meus filhos tenham e sustentem uma motivação da melhor qualidade em relação às obrigações escolares?

Quando pais ou responsáveis levantam essas questões também revelam ter consciência da importância de sua contribuição para a motivação de seus filhos em relação à escolaridade. De fato, na maioria dos casos, além dos professores, ninguém tem mais oportunidades do que os pais para cumprir essa tarefa junto a seus filhos no ambiente do lar e, assim, colaborar com as ações formativas dos professores. É em casa que os estudantes devem dedicar tempo para o estudo individual e preparação para provas, bem como para a realização da lição de casa. Neste último caso, o principal objetivo dessa prática é levar os alunos a melhorar e ampliar a aprendizagem dos conteúdos de sala de aula, nas diversas disciplinas. Em particular, alunos com dificuldades de aprendizagem poderão atenuá-las, desde que se engajem seriamente no cumprimento dessas tarefas, aproveitando bem o tempo disponível. Isso costuma ser feito numa condição não rara nos dias atuais, em que os filhos estão em casa, já voltaram da escola, mas ambos os pais estão fora, a trabalho.

Em tais condições, é pouco provável que, sozinhas, muitas crianças e adolescentes tenham a habilidade de assumir plenamente o cumprimento das tarefas e a preparação para provas, sacrificando e deixando para depois outras eventuais atividades. Afora o caso de pais ou responsáveis que aparecem como totalmente omissos no cumprimento de seu papel de educadores, deixando tudo para a escola, há, de fato, aqueles que se preocupam em fazer sua parte em relação às aprendizagens de seus filhos em casa. Contar com sua parceria é fundamental para os professores. Assim, os pais devem ser orientandos sobre o seu papel fundamental de incentivar seus filhos quanto à escolha de um ambiente físico favorável e ao estabelecimento de certo horário para cumprimento da tarefa de casa e para estudar. Esse incentivo deve ser feito, com regularidade, desde os anos iniciais da escolarização, de forma a contribuir para a formação de hábitos saudáveis de estudo nos seus filhos. Neste sentido, não pode faltar, por parte dos pais ou responsáveis, alguma forma de apoio à motivação de seus filhos para aprender. Em última instância, sempre sob a influência dos pais e professores, os filhos precisam ter motivação, um fator energizante que assegura o envolvimento inicial e a perseverança em atividades de aprendizagem.

Entretanto, há motivação e motivação. Em certos casos, alunos agem por uma motivação que se chama controlada, com a qual se envolvem com as obrigações escolares em casa por pura obediência aos adultos, ou por interesse de agradá-los, ou para ganhar alguma recompensa, ou até por medo de consequências indesejáveis. Todas essas formas de motivação controlada podem ser eficazes, até certo ponto, havendo ocasiões em que é mesmo indicado que os pais adotem estratégias para motivar dessa maneira. No entanto, toda motivação controlada está exposta a flutuações e até perder sua força, o que acontece, por exemplo, sempre que surgem outras atividades concorrentes com mais valor de atração e interesse para os estudantes.

Em contraste com a motivação controlada, existe uma motivação mais duradoura e profunda, que vem da valorização interiorizada das atividades de aprendizagem e do apreço pelos benefícios que elas acarretam, chegando ao ponto de o aluno sentir entusiasmo e emoções positivas na sua execução. Essa será a motivação autônoma, pela qual um aluno ou aluna engajar-se-á nas atividades de aprendizagem por vontade própria, mesmo que nem sempre por prazer, basicamente por ter internalizado a relevância pessoal das atividades de aprendizagem. Em virtude de sua importância para aprendizagem, essa forma motivacional, sugerida como a mais desejável, a ser alimentada e mantida, por influência de pais e professores, em relação ao cumprimento das tarefas de casa e ao estudo individual, será descrita a seguir.

## Orientando pais para que seus filhos valorizem a escola, a aprendizagem e o estudo

Que todo aluno precise dar valor à escolarização significa que, no seu íntimo, ele considere que aprender é importante, ou seja, que tem valor e significado pessoal. Na fase de Educação Infantil e durante os dois ou três primeiros anos do Ensino Fundamental, as crianças em geral revelam estar motivadas dessa forma, mostram-se felizes para irem à escola e ávidas por aprender, chegando a sentir enorme prazer em aprender coisas novas.

Infelizmente, como professores e professoras atestam, já nos anos seguintes da escolaridade, boa parcela dos alunos mostra ter perdido muito daquela motivação pelo prazer intrínseco e age na escola mais por obrigação. Por isso, frequentemente se contentam com fazer apenas o mínimo, ficam muito mais felizes fora de sala de aula e adoram não ter tarefas para casa. Na realidade, tudo o que se refere à escolaridade perdeu muito de valor de atração para o estudante e é essencial que os educadores conheçam as causas do surgimento desse fenômeno.

Como explicações para essa mudança têm sido apontados fatores como a dificuldade progressiva dos conteúdos de aprendizagem, relacionamento menos próximo com professores variados, maior controle externo e até possíveis fracassos, que incluem a repetência escolar. Evidências mostram que a simples repetição de ano costuma não trazer o benefício da recuperação do apreço pelas aprendizagens, mas, ao contrário, na maioria dos casos, apenas agrava o quadro.

Nesse contexto, certo grau de desvalorização das aprendizagens escolares tem como origem, em muitos alunos, a experiência de dificuldades e de eventuais fracassos. Em outras palavras, pela constatação de maus resultados numa matéria ou no seu conjunto, associados a fatores diversos que incluem até dificuldades de aprendizagem, instala-se em suas mentes a ideia perversa de que não vale a pena se dedicar aos estudos ou fazer o dever de casa com capricho. Como esforços anteriores foram inúteis, as atividades escolares deixam de ser vistas como importantes.

Este quadro se agrava, com maior frequência, em ambientes mais desfavorecidos, nos quais a criança não percebe que as pessoas ao seu redor dão o devido valor à escolaridade. Pelos seus comportamentos e modos de interagir, alguns pais ou responsáveis não dão qualquer indicação de que a escolaridade é importante para seus filhos. Em decorrência, só se pode esperar que a criança também tenda a não valorizar a escola, deixando de se envolver em suas atividades. Prevenir o surgimento dessa condição e, quando detectada, revertê-la é um dos papéis de professores e de pais, por serem pessoas altamente influentes na vida da criança. E a boa notícia é que isso é viável.

Será examinado na sequência, mais especificamente, o papel de pais ou responsáveis. Mesmo que seu tempo junto aos filhos seja limitado, em primeiro lugar, os pais devem ser modelos dessa valorização para seus filhos. Essa valorização pode ser aquilatada pela criança por comportamentos discretos, mas frequentes, que foram sugeridos na literatura, do tipo: participar de reuniões e de encontros com professores, não apenas quando convocados; conversar com os filhos sobre como foi seu dia na escola e o que aprenderam; perguntar se prestam a devida atenção às professoras em classe; com certo grau de controle, mostrar interesse pela preparação para provas e pelo cumprimento do dever de casa; olhar e comentar tarefas cumpridas; mostrar reconhecimento por todo bom rendimento e, mais ainda, pelo capricho, pelo esforço despedido e pela persistência, entre outros. Esporadicamente, até recompensas externas poderão acompanhar o reconhecimento expresso de forma verbal, por indicarem, de modo bem incisivo, quanto os pais estarão valorizando o engajamento dos filhos na escolaridade.

O cumprimento diário do dever de casa pode, às vezes, parecer maçante e sem significado pessoal. Para que os filhos compreendam e internalizem o valor e a importância de realizar com capricho essa tarefa, uma argumentação de fácil assimilação a ser usada pelos pais poderia explorar os benefícios que essa prática traz para eles, como a melhora das aprendizagens, o progresso no domínio dos conteúdos e até o desenvolvimento da inteligência.

Em poucas palavras, pais que dedicam ao menos um pouco de seu tempo, a cada dia, e investem alguma atenção com seus filhos em assuntos da escola mostram comportamentos que serão sempre percebidos pelos filhos e interpretados como indicadores da importância das aprendizagens escolares. Num clima de relacionamento afetivo, os filhos tendem a interiorizar esse valor, com foi demonstrado por muitos psicólogos. Assim, eles passam a considerar como importante e merecedor de ser abraçado tudo o que se refere à escolaridade. Compreende-se melhor como esses modelos de modos de agir afetam positivamente os filhos, ao longo dos anos escolares, quando se analisam pais que não praticam nenhuma daquelas ações, ou seja, que são totalmente omissos em relação as questões escolares. Pais desse tipo são aqueles que nunca ou raramente conversam sobre a escola, não perguntam sobre o rendimento e ignoram a dedicação e o bom desempenho de seus filhos. Como eles aprenderão a dar valor à escolaridade, se vivem numa atmosfera em que não percebem qualquer indicador de que as aprendizagens escolares são importantes para suas vidas? Um trabalho de parceria da escola com a família é essencial para orientar pais neste sentido.

Com adolescentes, possivelmente também com filhos menores, será muito eficaz uma argumentação adicional. Dado seu desenvolvimento cognitivo, quando puderem pensar no futuro com aspirações mais ou menos realistas, tal habilidade pode ser bem explorada. Assim, foi comprovado que quando adolescentes desenvolvem planos e projetos quanto à sua profissão e à vida em geral no futuro, tendem a gerenciar de forma mais eficiente seu tempo, são persistentes nas aprendizagens, participam ativamente em sala de aula, adiam menos o cumprimento dos seus deveres e, por fim, mostram maior satisfação nos estudos. É verdade, porém, que nem todos os jovens estabelecem metas de vida nem mostram ter expectativas positivas para seu futuro, por vários motivos, que incluem experiências negativas na escola e até reprovação, como tem acontecido em nosso meio.

Na realidade, todos os pais ou responsáveis querem que seus filhos se saiam bem na vida e até podem ter a convicção de que a escola é feita para preparar crianças e jovens para seu futuro. Por isso, faz parte da educação no lar uma primeira intervenção pela qual adolescentes desenvolvam aspirações elevadas, mas realistas, para suas vidas. Nas famílias de classes menos favorecidas, um incentivo seria a sugestão de que os filhos aspirem níveis avançados de escolarização. Nos dias atuais, para se ter um futuro melhor, é preciso estudo e cumprimento fiel das tarefas escolares. É muito importante que sempre se demostre a associação entre meios e fins, por vezes não tão clara para os filhos.

Tudo o que foi descrito até o momento representa um roteiro de ações básicas que professores e educadores podem utilizar para orientar pais no sentido de ensinar seus filhos, de qualquer faixa etária, a valorizar a escolaridade e suas aprendizagens, o que, por sua vez, contribuirá para o fomento da motivação autônoma. No entanto, faz-se necessário, ainda, enfrentar mais uma vez e diretamente o problema de que alunos podem deixar de dar valor às aprendizagens, por conta de sucessivas experiências de fracasso em alguma matéria, ou pela própria repetência, um fenômeno não raro entre alunos das séries mais avançadas. No próximo tópico, essa condição será considerada com atenção especial ao papel dos professores e dos pais na manutenção de autopercepções de capacidade.

## Assegurando autopercepções de capacidade

Uma condição básica adicional para que os filhos/alunos se mantenham motivados consiste em eles acreditarem na sua própria capacidade para aprender, ou seja, devem ter firme convicção de que, com dedicação e empenho, poderão dar conta das exigências escolares. Em outras palavras, nenhum aluno terá motivação para aprender, se não acreditar que tem capacidade para isso. A justificativa para essa crença pessoal é bem clara. A partir dos 10 anos aproximadamente, até mesmo antes dessa idade, todo aluno já sabe distinguir entre ser capaz ou inteligente (eu posso! eu consigo!) e que investir esforço depende da vontade. Caso o estudante tenha tentado, repetidamente, com seu empenho chegar a bons resultados, mas não tenha alcançado o sucesso, ele certamente concluirá que o que lhe falta é capacidade, ou seja, terá a sensação de que perdeu o controle sobre a própria situação. Ele concluirá que não adianta estudar essas matérias, o que resultará em sério abalo na sua motivação, mesmo que, ela fosse originalmente da melhor qualidade. Consequentemente, deixará de dedicar-se ao seu estudo.

Do mesmo modo que a própria desvalorização, a perda da crença na própria capacidade para aprender costuma ter como origem insucessos repetidos em alguma área de conhecimento. Por esse motivo, professores e psicopedagogos terão a incumbência de propiciar situações nas quais os estudantes possam vivenciar experiências de sucesso. Assim, devem, por exemplo, propor a esse aluno com tarefas menores, mais simples, que sejam inicialmente acessíveis e que só se tornem mais exigentes, na medida em que se constate o progresso do estudante. O aluno sentir que está ficando mais competente, com tais experiências de êxito, é fundamental para que passe a ter confiança em si próprio. A dosagem gradual dos níveis de desafios, possibilitando bons resultados, será importante para que a crença não seja desmentida, mas corroborada pelos fatos.

Mas há uma estratégia adicional que, nesses casos, não pode faltar. Os pais, até mais do que professores e professoras precisam acreditar na capacidade de cada filho ou filha e, além de terem essa crença, devem oportunamente comunicá-la. Serão potencialmente muito úteis frases do tipo "eu sei que você pode dar conta", "eu ponho fé em você, "bons resultados vêm com esforço e perseverança e isso está em suas mãos". Na sequência, filhos e filhas vão interiorizar essa crença dos adultos, investirão esforço, enfrentarão desafios e melhorarão seu rendimento.

Ocasião especial para mostrar crença na capacidade de seus filhos é a hora em que os pais tomam conhecimento do rendimento deles na escola, seja por boletim de notas ou resultado de provas ou de outras tarefas, seja por comunicação de uma professora. Se a criança se saiu bem, não se deve deixar passar essa informação em branco. Uma maneira correta de mostrar tal confiança seria dizer, por exemplo, viu como você consegue? Essa frase ainda não constitui um elogio, que por sua natureza tem componentes mais afetivos, mas é uma comunicação muito apreciada. Como regra, não é aconselhável que se elogie a criança apenas pela nota alta recebida, ou por sua inteligência, ou apenas pelo esforço. Pesquisas mostram que o que tem eficácia é um elogio sincero pelo esforço, desde que tenha sido claramente constatado, e associado à capacidade, como nesta frase: "estou gostando que você trabalhou bem e está mostrando que tem capacidade [...]". Como detalhe, tenha-se presente que elogio exclusivamente pela inteligência é ineficaz. Por outro lado, para certas crianças, elogio somente pelo esforço empregado pode ser interpretado que o esforço lhe supriu uma capacidade que lhe falta e, portanto, seria um elogio contraproducente, apesar de bem-intencionado.

Por outro lado, caso tenha havido resultado ruim, de modo algum se deve falar ou dar a entender que isso aconteceu porque o aluno não tem facilidade para aquela matéria. Especialmente com alunos que tenham dificuldades de aprendizagem, deve-se cuidar acerca do tipo de comentário a ser feito, sendo muito prejudicial dizer, nesses casos, por exemplo, "Você não tem jeito mesmo"; ou: "Você tem um problema, não dá para os estudos". De modo semelhante, deve se evitar comparações com outros irmãos ou alunos ou apontar que os outros são mais inteligentes. A literatura mostra que o conteúdo de frases ou comparações como essas terão efeito devastador sobre a autopercepção de capacidade do estudante.

Por ocasião do cumprimento do dever de casa, é muito comum crianças ou adolescentes pedirem ajuda a seus pais, um comportamento totalmente normal e adaptador. Os pais devem regularmente atender a esse pedido, porém, sem dar a resposta certa e, sim, ajudando de alguma forma para que seu filho ou filha encontre essa resposta. Quando os adultos, até com a melhor das intenções, fornecem a resposta certa, substituem e inibem o trabalho mental do aluno, o que não contribui para uma aprendizagem significativa. Além disso, com esse modo de agir, as pessoas passam à criança a mensagem implícita de que, sozinha, não é capaz de dar conta de desafios, ou seja, afetarão sua autopercepção de capacidade.

Por último, deve-se considerar a existência de um possível problema adicional em relação às autopercepções de capacidade, que consiste no fato de certos alunos poderem desenvolver a ideia de que inteligência é uma algo que não muda, é fixa como a cor dos olhos. Assim consideram que quem é bastante inteligente é porque nasceu assim e ficará assim a vida inteira e o mesmo vale para quem não é. Ora, foi bem comprovado que a inteligência humana é maleável, isto é, pode melhorar e aumentar, justamente por conta das aprendizagens escolares e das experiências educativas que incluem a ativação de processos cognitivos como raciocínio, compreensão e resolução de problemas. Por isso, pais e professores devem adotar essa concepção correta de que inteligência pode mudar e ser incrementada e passar essa ideia para seus filhos e alunos, desde os primeiros anos da escolaridade, de modo especial quando eles tiverem passado por experiências de baixo rendimento.

De resto, episódios de fracasso ou de baixo rendimento na escola sempre podem acontecer, podendo até ser ocasiões propícias para melhoria de conhecimentos e habilidades. As causas mais prováveis no próprio aluno (e isso deve ser passado aos filhos) são a eventual falta de base, ou de métodos de estudo, ou mesmo de investimento sério de esforço. Ora, tudo isso pode ser perfeitamente remediado, modificado e controlado de diversas formas.

## Filhos com motivação autônoma autorregulada

Professores e educadores devem conscientizar os pais mostrando que se estes atuarem, desde os primeiros anos da escolaridade de seus filhos, para que eles interiorizem o valor das aprendizagens escolares, promovendo, juntamente uma saudável autoconfiança em sua própria capacidade, eles terão fornecido o lastro principal para que seus filhos se tornem autônomos em sua motivação no cumprimento das diversas tarefas escolares.

Entretanto, quando se trata do cumprimento do dever de casa e do estudo individual, não é raro que a atividade apareça como muito difícil ou, inversamente, como tediosa ou sem desafio à altura. Mais ainda, quando sozinhos, crianças e adolescentes estão frequentemente tentados a interromper ou adiar atividades de aprendizagem, para envolverem-se com outras atividades mais atraentes, que são bem conhecidas de todos. Em tais casos, esmorece momentaneamente até a motivação autônoma para aprender, mesmo que já seja bem estabelecida. Muitos estudantes cedem à tentação de deixar o estudo para depois, normalmente para a última hora, o que resulta em preparação falha para as provas ou em tarefa malfeita.

Com a suposição de não haver ninguém por perto para dar apoio à motivação, resta, nesses casos, que o próprio aluno exerça uma habilidade nova, que é a de gerenciar e regular de seu próprio processo motivacional. Na literatura, essa habilidade consiste na autorregulação da motivação, o que constitui um novo patamar a ser atingido pelos alunos, desde que ajudados pelos adultos significativos como pais e professores.

Brevemente, com essa nova habilidade, todo aluno, sem dúvida a partir da adolescência, ao tomar consciência de que decaiu o ímpeto para estudar ou fazer o dever de casa, conseguirá recorrer a algum fator motivacional, precisamente para reativar a própria motivação, um processo viável e comprovadamente eficaz. Como amostra, vale descrever duas entre diversas formas possíveis de autorregulação da própria motivação. A primeira consiste em o aluno prometer para si próprio, assim que concluir bem a tarefa, uma gratificação ou recompensa, como entreter-se com celular ou com o *tablet*, sair para brincar, até comer algo saboroso. A perspectiva de se conceder tal consequência positiva como prêmio futuro por uma atividade concluída tem o potencial de ser motivador para a decisão de iniciar e manter-se envolvido com a tarefa. Ajudará muito o fato de a criança já ter passado pela experiência anterior de ter recebido alguma recompensa de seus pais somente depois do cumprimento de uma obrigação.

Outra estratégia de autorregulação da motivação consiste em o aluno trazer à mente objetivos que lhe sejam valiosos, mais ou menos remotos, como passar em um vestibular ou em um concurso, ou objetivos próximos como tirar notas boas naquela matéria. Ter consciência do valor instrumental de uma atividade para se atingir metas desejáveis é poderoso fator motivacional, especialmente a partir da adolescência, desde que, também por influência de adultos significativos, tenham incorporado a ideia de que os estudos são um meio ou instrumental para se conseguir aqueles objetivos.

Entretanto, cabe enfatizar que a autorregulação da própria motivação, assim como a autonomia nas aprendizagens escolares, não é uma habilidade que aflora naturalmente. Em geral, resulta de um processo em que é crucial a influência de adultos que tenham o domínio das estratégias indicadas. É necessário, pois que alguém as ensine aos alunos e faça uma demonstração-modelo, para que eles as pratiquem por imitação. Além disso, o ensino deve incluir algum incentivo e acompanhamento. Mas, para quem aspira que alunos sejam capazes de engajar-se de forma autônoma e autorregulada no estudo individual e no cumprimento do dever de casa, valem os esforços, ao colocar em prática essas orientações.

## Considerações finais

Bandura (1997) argumentou que toda escola deve envolver os pais de seus alunos em tudo o que refere à sua vida escolar. A razão óbvia é que os pais, dada a sua ligação afetiva mais íntima com seus filhos, têm enorme potencial de influenciar suas atitudes, crenças, comportamentos e motivação. Por sua vez, crianças e adolescentes são normalmente sensíveis para perceberem o que seus pais fazem por elas. Por isso, professores podem ajudar os pais na busca pela resposta às questões formuladas por eles no início deste capítulo. Ênfase deve ser dada a três pontos.

*Ter como objetivo a formação de filhos com motivação autônoma.* Em lugar de tentar moldar a motivação de seus filhos apenas com recompensas ou ameaças, a prioridade deverá ser de levar seus filhos *a* saber se orientar por conta própria nas atividades escolares, por influência da interiorização do seu valor ou importância pessoal. A busca desse objetivo deverá ser constante e, embora exija uma atenção persistente, compensa pelos benefícios a longo prazo que ela produzirá.

*Administrar os controles.* Autonomia dos filhos não significa senso de independência e, muito menos, falta de limites. Mesmo com a determinação de tornar os filhos com motivação autônoma e autorregulada em relação à escolaridade, não se deve acabar com toda forma de controle sobre os filhos. Certos modos de agir deverão ser mesmo exigidos, de forma consistente, porém, acompanhados da devida justificativa ou explicação. Como seres racionais que são, crianças e adolescentes querem saber o porquê das regras e cobranças que os afetam.

Entretanto, preferencialmente, devem ficar de fora técnicas que incluem tanto excesso de cuidados, que seriam sufocantes e contraproducentes, assim como prevalência de ameaças e castigos. Além disso, o ritmo de cada estudante deve ser respeitado e alguma liberdade de escolha deve ser facultada. Assim, por exemplo, ao lado da exigência de que os filhos dediquem diariamente certo tempo para os estudos em casa, poderia ser permitido que eles escolham o horário que lhes for mais favorável.

*Manter relacionamento afetivo com os filhos.* A suposição bem fundada é de que as crianças apreciam e seguem as orientações dadas pelos pais quando eles se mostram afetivamente envolvidos, atentos a seus problemas e prontos a dar apoio emocional, especialmente em ocasião de dificuldades e de frustrações na escola. Somente pais com essas qualidades poderão esperar resultados positivos de suas práticas de educação que adotarem para seus filhos.

A escola exerce um papel essencial junto com a família, que é de fomentar em seus alunos a motivação autônoma e a aprendizagem estratégica e autorregulada.

## Fontes consultadas

Bandura, A. (1997). *Self-efficacy: the exercise of control.* Nova York: W. H. Freeman and Company.

Brophy, J. (1998). *Motivating Students to Learn.* Boston: McGraw Hill.

Bzuneck, J. A. (2016). Como motivar os alunos: sugestões práticas. In E. Boruchovitch, J. A. Bzuneck, & S. E. R. Guimarães (orgs.). *Motivação para aprender: aplicações no contexto educativo* (pp. 13-42). Petrópolis: Vozes.

Bzuneck, J. A., & Boruchovitch, E. (2016). Motivação e autorregulação da motivação no contexto educativo. *Psicologia: Ensino & Formação, 7*(2), 73-84.

Henderlong, J., & Lepper, M. R. (2002). The effects of praise on children intrinsic motivation: A review and synthesis. *Psychological Bulletin, 128*(5), 774-795.

Karabenick, S. A., & Gonida, E. N. (2018). *Academic help seeking as a self-regulated learning strategy: Current issues, future directions.* In D. H. Schunk & J. A. Greene (eds.). *Educational psychology handbook series. Handbook of self-regulation of learning and performance* (pp. 421-433). Routledge/Taylor & Francis Group.

Pekrun, R., Hall, N. C., Goetz, T., & Perry, R. P. (2014). Boredom and academic achievement: testing a model of reciprocal causation. *Journal of Educational Psychology, 106*(3), 696-710.

Ryan, R. M., & Deci, E. L. (2020). Intrinsic and extrinsic motivation from a self-determination theory perspective: Definitions, theory, practices, and future directions. *Contemporary Educational Psychology.* https://doi.org/10.1016/j.cedpsych.2020.101860

Wolters, C. A. (2003). Regulation of motivation: Evaluating an Underemphasized aspect of Self-regulated Learning. *Educational Psychologist, 38* (4), 189-205.

Zimmerman, B. (2002). Achieving self-regulation: A Trial and triumph of adolescence. In F. Pajares, & T. Urdan (eds.). *Academic Motivation of Adolescents* (p. 1-27). Greenwich, Conn.: Information Age Publ.

# 5 Desafios para motivar os alunos para aprender

## Professores e pais podem ajudar

*Acácia Aparecida Angeli dos Santos*
*Adriana Satico Ferraz*

Cada vez mais a motivação do aluno é inserida como pauta nas discussões sobre os fatores envolvidos no processo de ensino e aprendizagem, principalmente no que se refere à sua associação com o rendimento do aluno nas diversas áreas do conhecimento (Bzuneck & Boruchovitch, 2016). A preocupação com a falta de motivação é válida, pois há consequências desfavoráveis para o aluno desmotivado, visto que o seu autoconceito pode ser afetado por achar-se incapaz para realizar as atividades escolares. Além disso, a diminuição do esforço e persistência implica falhas na aquisição e utilização de estratégias de aprendizagem necessárias para cumprir as exigências inerentes ao processo de aprendizagem (Paulino, Sá, & Silva, 2015; Pereira, 2015).

Após esta breve apresentação de algumas das implicações negativas decorrentes da desmotivação, destaca-se a necessidade de fazer com que os alunos se sintam mais motivados, no sentido de perceber a aprendizagem como algo que pode ser prazeroso e não algo obrigatório, entediante e aversivo. O objetivo deste capítulo é expor algumas situações que pouco favorecem a motivação do aluno ao priorizar o contexto da educação básica e, mais importante, propor alternativas para superá-las e até mesmo preveni-las. Para isto é importante definir o que é a motivação para aprender e quais estratégias podem ser aplicadas a fim de promovê-la e, o mais importante, mantê-la. Dentre as inúmeras teorias e abordagens que explicam a motivação para a aprendizagem, optou-se pela teoria das metas de realização por dois motivos.

O primeiro motivo remete à formação de estereótipos dentro da escola que levam à rotulação dos alunos em duas categorias: o bom e o mau aluno. É recorrente ouvir-se em conversa com professores e com a equipe escolar afirmações como: "O aluno X é muito aplicado. Ele sempre tira boas notas. O boletim dele é impecável. Ele é um exemplo para a sala, sempre falo isso para os meus alunos mais atrasados. Já o aluno Y... Este aí não tem jeito. Faz as atividades com má vontade, isso quando faz, e não participa das aulas. Peço a ele para ser como o aluno X, mas ele não quer nada com nada. E olha que uso o mesmo tratamento para os dois". A partir desta fala hipotética, porém bastante comum na rotina escolar, é importante esclarecer que o aluno X possivelmente se orienta por metas e objetivos diferentes dos que são utilizados pelo aluno Y.

O segundo motivo referente à escolha das metas de realização, dentre as várias maneiras de explicar a motivação, é que esta perspectiva possibilita a compreensão e a diferenciação do comportamento dos alunos a partir de alguns perfis motivacionais. Por meio das metas de realização é possível conhecer e compreender com maior clareza as diferenças de funcionamento entre os alunos X e Y e intervir nos aspectos desfavoráveis à aprendizagem, com o objetivo de conduzir o aluno para uma orientação motivacional mais favorável. Este conhecimento também promove a reflexão sobre as possíveis repercussões negativas para a motivação do aluno em termos de expectativas e incertezas em relação à sua capacidade, o que pode levar à diminuição do esforço e persistência, em decorrência de julgamentos e práticas inadequadas (Pereira, 2015).

## O que são as metas de realização? Quais as diferenças entre uma e outra?

As metas de realização são um conjunto de crenças formadas por pensamentos, afetos, sentimentos e emoções que se expressam pela forma com que o aluno encara e lida com as atividades escolares e com a rotina em sala de aula. Estas metas são classificadas de acordo com o objetivo do aluno em relação à aprendizagem: meta aprender, meta *performance* aproximação e meta *performance* evitação (Zenorini & Santos, 2010), apresentadas a seguir.

A meta aprender se expressa no aluno interessado em adquirir conhecimentos, o que favorece uma aprendizagem de maior qualidade, classificada como de profundidade. A orientação por esta meta é marcada pela autonomia, proatividade, curiosidade, criatividade, predileção por tarefas desafiadoras e o uso de estratégias de aprendizagem mais eficazes que repercutem favoravelmente no rendimento escolar. Tratando-se especificamente da tarefa, o aluno orientado por esta meta costuma ter uma autopercepção positiva de sua capacidade e das habilidades que lhe conferem confiança para realizá-la, sendo também capaz de atribuir às atividades escolares uma utilidade para o seu futuro, por exemplo, para uma carreira profissional (Bzuneck, Boruchovitch, Miranda, & Almeida, 2014; Paulino et al., 2015).

Em oposição à meta aprender, regulada de forma mais intrínseca, os alunos orientados pelas metas *performances* se baseiam muito mais em julgamentos externos. No caso da meta *performance* aproximação, o objetivo do aluno é se destacar em relação aos demais colegas, por isso valoriza, por exemplo, tirar notas mais altas e a liderança dos grupos dos quais participa. Apesar de se esforçar para se destacar como um bom aluno, muitas vezes o conhecimento adquirido em função da orientação pela meta *performance* aproximação fica apenas no plano superficial, pois a sua preocupação reside em sobressair em relação ao colega, aparecendo bem para os professores por meio da comparação com a classe e não o de aumentar o seu conhecimento intelectual (Bzuneck & Boruchovitch, 2016).

Por sua vez, a orientação pela meta *performance* evitação se caracteriza pelo temor do aluno em relação ao fracasso. Por conta disto, o aluno regulado por esta meta acaba participando pouco das aulas pelo receio de falar alguma bobagem e ser julgado pelo professor e colegas como menos inteligente. Pelo receio de falhar e ser exposto, não demonstra tanto interesse por tarefas mais complexas e é pouco criativo. Este perfil de aluno costuma experienciar as tarefas escolares como aversivas e o objetivo maior ao realizá-las passa a ser o de apresentar um resultado que seja suficiente para não ser classificado como um mau aluno. Devido ao receio constante de receber críticas negativas, a orientação pela meta *performance* evitação pouco favorece a aquisição de conhecimentos e é bastante prejudicial à aprendizagem (Bzuneck & Boruchovitch, 2016; Bzuneck et al., 2014).

Apesar de cada meta de realização apresentar características distintas, o aluno pode ser guiado por mais de uma meta ao mesmo tempo ou por metas diferentes (alternância entre as metas) a depender das diferentes situações de aprendizagem. As consequências disto podem ser tanto negativas, como positivas. Por exemplo, a associação entre as metas *performance* aproximação e evitação pode ser uma fonte geradora de ansiedade do aluno em situações avaliativas, especialmente no momento da devolutiva dos resultados das provas por aliar a necessidade de tirar uma boa nota e o medo de falhar diante dos colegas de sala e professores (Pereira, 2015). No entanto, a associação entre a meta *performance* aproximação e a meta aprender pode ser bastante favorável. O aluno estuda e quer tirar notas altas, mas prioriza menos a competição por desempenho entre os colegas e passa a valorizar mais os benefícios do aprender, por obter mais conhecimento e desenvolver novas habilidades, conferindo-lhe um significado (Bzuneck et al., 2014; Paulino et al., 2015).

Além de se associarem entre si, as metas de realização também podem ser alteradas. Isto é possível devido ao fato de as metas não serem como as características de personalidade que, em geral, são muito mais estáveis e sofrem poucas alterações ao longo da vida (Boruchovitch & Bzuneck, 2010). As metas de realização podem ser modificadas, ou mesmo reforçadas, caso a necessidade seja mantê-la, como é o caso da meta aprender (Bzuneck & Boruchovitch, 2016; Paulino et al., 2015). Diante da possibilidade de intervir para a alteração das metas é fundamental refletir sobre a responsabilização restrita ao aluno por seu alto ou baixo desempenho na escola. Assim, vale um alerta importante sobre o fato de taxar o aluno como capaz ou incapaz, como se ele fosse o único responsável por seus resultados escolares. Há outras variáveis que não podem ser ignoradas, pois interferem na motivação do aluno, tais como: a forma de atuação do professor e da equipe escolar, a configuração da sala de aula e as relações familiares.

Com o objetivo de favorecer a reflexão, ou mesmo de orientar os principais envolvidos no processo de ensino e aprendizagem com relação à tarefa de motivar os alunos para aprender, este capítulo apresentará alternativas de como fazê-lo e, talvez o mais importante: recomendar o que não deve ser feito nas diversas situações vivenciadas pelo aluno na escola. Serão apresentadas sugestões relativas à elaboração das atividades e tarefas escolares, formas de tornar as avaliações menos aversivas, de organizar trabalhos em grupos, planejar o tempo para as atividades, expor a importância dos valores transmitidos pelos professores de forma a torná-los compatíveis com aquilo que a escola valoriza. Por último, pretende-se fornecer sugestões aos pais dos alunos.

## Atividades aplicadas em sala

A organização da sala de aula envolve a configuração do espaço físico e a disposição dos alunos neste espaço que repercutem no modo como as atividades são propostas, desenvolvidas e percebidas pelos alunos. Os aspectos envolvidos neste arranjo do ambiente devem ser trabalhados de forma equilibrada, o que exige grande habilidade e flexibilidade por parte do professor. Ao propor uma atividade, os motivos e ganhos a serem alcançados com a sua realização devem ser esclarecidos para que a tarefa passe a ter um significado concreto para o aluno e para que ele se sinta minimamente capaz de executá-la.

As tarefas devem ser diversificadas, pois se seguirem sempre o mesmo padrão podem favorecer, na maioria das vezes, os mesmos alunos. Os alunos menos favorecidos por estas situações podem se sentir incapazes e menos inteligentes em comparação aos alunos bem-sucedidos, o que resulta na diminuição do esforço. Para prevenir este tipo de situação orienta-se que as atividades sejam elaboradas de modo a equilibrar o desafio, a curiosidade e a autonomia (Bzuneck et al., 2014; Pereira, 2015).

Importante salientar que o desafio não deve impor um grau alto de dificuldade que possa gerar demasiada ansiedade no aluno e, tampouco, apresentar um grau baixo de dificuldade que cause desinteresse e tédio. Ambos os níveis extremos podem resultar na desistência da tarefa (Bzuneck & Boruchovitch, 2016). O melhor é conferir um grau intermediário de dificuldade que, por meio do esforço, o aluno consiga se perceber capaz e interessado em realizá-la. Similar ao desafio, a curiosidade do aluno, se trabalhada em extremos (tanto alto, como baixo), podem levar à rejeição da atividade. A curiosidade deve ser acrescida à tarefa de modo que o aluno se sinta desafiado para buscar sua compreensão e explicações.

A autonomia está associada ao controle oferecido ao aluno para a realização da tarefa. Algumas formas de delegar o controle ao aluno é lhe oferecer a opção de escolha sobre o modo como a atividade será executada, ouvir suas opiniões e, o mais importante, fazer com que o aluno compreenda que por meio do seu esforço é possível atingir um bom resultado.

Por último, apresenta-se a promoção de situações lúdicas como uma forma de estimular o aprendizado e manter o aluno motivado. Para os alunos dos anos escolares iniciais se propõe, por exemplo, jogos envolvendo as operações matemáticas. Para alunos de anos escolares mais avançados, a sugestão é que sejam convidados a pesquisar sobre diversos lugares do mundo, de modo interativo, para explorar sua história, geografia, cultura, linguagem, incentivando-os a imaginar: "Como seria se eu tivesse nascido naquele país e não neste?"

## Elaboração de tarefas

Uma maneira de motivar o aluno é elaborar tarefas que o desafiem, promovendo a curiosidade e a autonomia, bem como despertar a imaginação e a criatividade. Nesta perspectiva, as tarefas que incentivam a pesquisa e o lúdico se diferenciam daquelas voltadas exclusivamente para a memorização e a reprodução de conceitos, cujo objetivo final se baseia na cobrança de boas notas. Estas tarefas possibilitam, ainda, a articulação dos conhecimentos previstos pelo projeto político pedagógico da escola com os conhecimentos prévios do aluno (Boruchovitch & Bzuneck, 2010; Bzuneck & Boruchovitch, 2016). Sua aplicação deve apoiar a valorização da comunidade, onde a escola está inserida. Assim, a proposição, por exemplo, de catalogação da flora da região na aula de ciências, a descrição de obras exibidas em museus na disciplina de artes. Entrevistas com pessoas próximas sobre sua profissão, para uma aula de redação, pode também contribuir para o processo de orientação profissional dos alunos, dentre outros aspectos.

Esta proposta favorece maior envolvimento do aluno ao estimular a participação ativa na produção de conhecimentos. Ao considerar que estas tarefas podem ser bem diferentes daquilo que costuma ser apresentado na rotina escolar, é necessário que a sua proposta contenha instruções claras e objetivas. Ademais, deve envolver os alunos mais tímidos ou aqueles que não costumam participar ativamente da aula, evitando que a ansiedade diante de um novo contexto atrapalhe a sua participação. Por conta disto, é importante que o professor estabeleça o diálogo entre todos os envolvidos, atuando como mediador na organização, execução e devolutiva das atividades.

Além de conter os elementos mencionados anteriormente, as tarefas também devem estimular a cooperação entre os alunos e o esforço. É muito importante que o professor esteja ciente que ao longo de sua execução pode surgir a necessidade de fazer alguns ajustes para atender os diferentes perfis motivacionais dos alunos, o que requer certa flexibilidade. O incentivo a estes aspectos colabora para a manutenção da orientação da meta aprender e o autoconceito positivo do aluno, conferindo-lhe maiores níveis de participação e aprendizagem (Boruchovitch & Bzuneck, 2010). Por estas razões, a formação continuada dos professores deve considerar a inclusão da motivação, sendo a perspectiva das metas de realização uma forma promissora de trabalhar com os diferentes perfis de alunos.

## A avaliação do aluno

Outro ponto bastante discutido e polêmico refere-se à forma de avaliação dos alunos. Apesar das críticas negativas à ênfase dos sistemas de ensino em valorizar alunos que tiram notas altas e apresentam bom desempenho escolar, se reconhece a necessidade de avaliar o aluno para verificar o que foi aprendido ao longo do período letivo e para o cumprimento das demandas provindas dos órgãos maiores que regulam a Educação (Pereira, 2015).

No entanto, as avaliações não devem ser usadas como forma de intimidar e muito menos de punir os alunos. Ameaçar o aluno para que preste atenção simplesmente por ter que realizar uma prova faz com que a nota atribuída tenha um valor maior do que a aprendizagem em si, o que reforça a orientação do aluno para as metas *performances*, ou seja, voltada para a comparação do desempenho. Outro ponto negativo é expor o aluno ao divulgar o resultado da avaliação, e isso vale tanto para as notas mais baixas como para as mais altas. Além da exposição, é preciso ter cautela para não comparar o aluno que tirou nota baixa com aqueles que tiraram nota mais alta. Este tipo de comparação repercute na desvalorização do progresso individual do aluno, pois na maioria das vezes isto é feito comparando o seu desempenho com o de colegas que apresentaram um resultado superior e acima daquilo que o aluno com nota mais baixa conseguiria atingir naquele momento, desmotivando-o.

Essas formas equivocadas de aplicar e divulgar o resultado das avaliações, por um lado, podem se expressar explícita ou implicitamente por meio de reações emocionais negativas, expressas pela revolta, desânimo e pela evitação das atividades. Por outro lado, destacar demasiadamente o aluno que tirou nota alta reforça a orientação pela meta *performance* aproximação. Neste caso, os efeitos na motivação do aluno podem não ser alvo de preocupação do professor, pois se o parâmetro é tirar boas notas, ele se enquadra neste quesito. Entretanto, se o foco for estimular este perfil de aluno, é questionável a qualidade do que é aprendido em termos da profundidade do conhecimento adquirido.

Apesar das situações aqui destacadas, avaliar o aluno não apresenta apenas pontos negativos para a motivação do aluno. As avaliações podem ser utilizadas como uma ferramenta para a construção do conhecimento, se for considerada a importância de desenvolver no aluno o interesse em aprender. E como promover esse interesse? Isso é relativamente simples, porém requer flexibilidade e sensibilidade do professor.

Uma forma de fazê-lo é discutir o conteúdo das avaliações entre os alunos para que conheçam seus objetivos concretos e percebam que, por meio do esforço, podem se sair bem. Esta atitude já ameniza em muito a ansiedade do aluno antes da realização de uma prova. A divulgação da nota precisa também de cuidados especiais. A devolutiva das provas pode ser uma fonte útil de aprendizagem, tanto para os alunos com notas altas quanto para aqueles com notas mais baixas. O professor pode trabalhar com o aluno que tirou uma nota baixa a possibilidade de aprender com os próprios erros, por meio da revisão atenta da prova, incentivando-o para que se aproprie mais do conteúdo, tire suas dúvidas etc. Em contrapartida, os alunos que se saíram bem podem ser incentivados a buscar por novas fontes de consulta, objetivando o aprofundamento daquilo que já foi aprendido.

## Formação de grupos

Uma das alternativas para atuar com os diversos perfis motivacionais em sala de aula é a formação de grupos. Na situação de grupo o professor pode mesclar alunos com diferentes ritmos de trabalho e de percepção sobre a tarefa, o que contribui para a renovação das interações, expectativas e ampliação das perspectivas de desempenho. Para trabalhar com alunos neste formato é necessário que o professor tenha em mente dois aspectos.

O primeiro deles é promover a rotatividade dos integrantes dos grupos, evitando as "panelas", pois como já mencionado, a rotina tende a favorecer a repetição do mesmo padrão de desempenho, o que não é conveniente para a motivação dos alunos menos beneficiados por esta configuração mais estática. Alguns alunos podem apresentar certa resistência em mudar, principalmente os alunos dos primeiros anos escolares, devido à maior afinidade com um colega ou por não querer se misturar com alunos do sexo oposto. Nestes casos, o professor pode promover situações mais lúdicas, utilizando brincadeiras, dinâmicas de grupo, dentre outros métodos, que levem o aluno a se sentir mais confiante para interagir com colegas de outros grupos. O segundo ponto se refere ao cuidado que o professor deve ter para não expor o grupo de modo que ele se torne alvo de comparações sociais negativas. Assim, não é recomendável que se aponte para o grupo que leva mais tempo para realizar determinada tarefa ou que se destaque a maior capacidade de um grupo em relação a outro, o que pode diminuir a motivação para aprender.

## Administração do tempo

O tempo estipulado para o cumprimento das atividades escolares pode favorecer ou prejudicar a motivação para aprender, caso não seja bem administrado. Ao determinar um período curto e insuficiente para a realização da tarefa, os alunos podem se sentir ansiosos em decorrência do ambiente competitivo. Isto é classificado como pouco saudável por desmotivar os alunos que se percebem incapazes para cumprir a atividade dentro do prazo, ocasionando possíveis desistências. Por sua vez, estipular um prazo longo demais pode passar a ideia equivocada da baixa exigência, o que tende a gerar um descaso em relação à atividade. O ideal é que o tempo para as atividades seja calculado de modo a considerar as especificidades da tarefa e os perfis motivacionais apresentados pelos alunos, em vias de favorecer a orientação pela meta aprender. Uma dica para estimular a orientação por esta meta é manter o aluno sempre interessado em algo. Isso pode ser feito disponibilizando atividades complementares que estimulem a curiosidade e a criatividade dos alunos que costumam terminar as tarefas antes dos demais. De um modo geral, é importante respeitar o ritmo individual de cada um, sem pressionar para que todos terminem ao mesmo tempo (Bzuneck & Boruchovitch, 2016).

## Valores transmitidos pelo professor e a escola

No que diz respeito ao papel de autoridade exercido pelo professor, é preciso ressaltar a necessidade de praticá-la de forma moderada, pois níveis altos ou baixos demais de controle podem ser prejudiciais à motivação para aprender. O professor deve regular as suas ações a fim de suprir as demandas afetivo-emocionais dos alunos, a saber, a necessidade de pertencimento, a percepção de competência e a autonomia (Boruchovitch & Bzuneck, 2010; Bzuneck et al., 2014). Atuar nestes aspectos requer o estabelecimento de uma boa relação entre professor-

-aluno, pautada na atenção, cuidado e aceitação. É preciso, ainda, dar oportunidades de escolha ao aluno, ao oferecer-lhe atividade que o desafie e devolutivas que sejam construtivas. Deste modo, o aluno será incentivado a se sair melhor, isto é, progredindo à cada tarefa e evitando comparações de seu desempenho com o de alunos que estão muito à sua frente, o que reforçaria somente as metas *performances* e prejudicaria a orientação pela meta aprender.

Neste ponto nos deparamos com o que deve ser reconhecido e valorizado entre todos os envolvidos no contexto escolar. O professor e a escola como um todo devem estar em sintonia quanto aos valores que são compartilhados neste espaço. Uma situação muito comum observada nas escolas é elogiar somente os alunos que tiram notas altas, deixando de lado os alunos com desempenho inferior. Esta prática acaba por desmotivar o aluno que apresenta baixo rendimento, pois não oferece incentivo para que ele se esforce em tentativas futuras. Este aluno se vê na maior parte do tempo como menos inteligente e incapaz, em comparação aos colegas com melhor desempenho. Tomando esta situação como exemplo, pondera-se que muitos problemas motivacionais podem estar associados à autopercepção negativa que o aluno faz de si mesmo, com base nos valores transmitidos pelos professores e pela equipe escolar (Bzuneck et al., 2014). Deste modo, expor o histórico sucessivo de fracassos do aluno, enfatizando sempre a sua falta de esforço, o famoso "não querer nada com nada" não é a melhor solução para reverter este quadro. Em vez disso se propõe que tanto o professor quanto a escola tomem iniciativas para intervir nos aspectos que não favorecem a motivação para aprender. Uma alternativa seria incentivar o aluno a se esforçar apontando gradativamente para os aspectos que podem ser melhorados (Pereira, 2015).

## Orientações para os pais

Após apresentar situações envolvendo os professores, colegas de sala e equipe escolar nas diversas atividades presentes na rotina escolar e que interferem na constituição das metas pessoais e interesses do aluno, é fundamental abordar o papel da família neste processo. Neste sentido, a escola pode instruir os pais para que compreendam e consigam lidar com os diferentes perfis motivacionais dos filhos (Bzuneck & Boruchovitch, 2016).

Para que isso seja possível, é necessário que os pais sejam orientados sobre como proceder, sendo fundamental promover a sua aproximação com a escola a fim de discutirem juntos estratégias para motivar os alunos. As sugestões oferecidas a seguir advêm de adaptações das orientações destinadas aos professores e equipe escolar com base nas metas de realização, ajustadas para a relação entre pais e filhos/alunos. Nos encontros com os pais recomenda-se informá-los sobre a importância de valorizar os estudos, porém com cautela para não subestimar e nem superestimar o aluno ao estabelecer metas fáceis demais, ou o contrário, impossíveis de serem atingidas.

Na mesma linha do que foi sugerido aos professores, é recomendado evitar a comparação demasiada com irmãos, primos ou demais colegas que possuem melhor rendimento escolar. Este tipo de comentário poderá mais desmotivar o aluno do que motivá-lo. Ao invés disso, os pais devem incentivar o esforço, proporcionar um espaço para que seus filhos expressem suas ideias e percepções acerca dos sentimentos despertados em situações de sucesso e fracasso, bem como da rotina escolar como um todo (Paulino et al., 2015; Pereira, 2015).

Adverte-se, também, para o cuidado de não prestigiar somente os bons resultados do aluno. É importante demonstrar interesse pelos ganhos qualitativos conseguidos com uma boa nota (Pereira, 2015). Esta ação objetiva estabelecer propósitos para os conhecimentos e habilidades apreendidos, de modo que a aprendizagem adquira uma importância que ultrapasse os domínios da escola ao assumir um significado prático e concreto para o futuro do aluno. Em situações opostas, em que o aluno apresenta baixo rendimento escolar devido à desmotivação, não se deve ameaçá-lo ou obrigá-lo a conseguir boas notas. Neste cenário, é importante promover um ambiente marcado pelo suporte familiar e pelo estímulo à proatividade, ao despertar a curiosidade do aluno, incentivá-lo a agir de forma autônoma. Vale salientar que isto deve ocorrer de forma gradual, para que a criança ou o adolescente não se sinta desamparado ou inseguro, evitando que ele desista facilmente das tarefas (Senko & Hulleman, 2013).

## À guisa de conclusão

O objetivo deste capítulo foi de ampliar o conhecimento sobre a motivação do aluno no contexto escolar, a fim de oportunizar a todos os envolvidos neste processo a repensar suas práticas e julgamentos sobre o comportamento do aluno em relação à aprendizagem. Para que isto aconteça de modo não apenas efetivo, mas também eficaz, é necessário que o conhecimento acerca dos diferentes perfis motivacionais apresentados pelos alunos, mais especificamente sobre as metas de realização, seja incluído na formação continuada dos professores, coordenadores pedagógicos e demais profissionais que atuam no contexto escolar. É imprescindível, ainda, que as aplicações práticas desse conhecimento sejam compartilhadas com os pais dos alunos, de modo que eles participem mais ativamente do processo de educação dos seus filhos. Tendo em vista que o objetivo central da entrada do aluno na escola é aliar a aprendizagem de conteúdos de ordem cognitiva com a socialização é indispensável incluir práticas direcionadas a motivá-lo a aprender.

## Referências

Boruchovitch, E., & Bzuneck, J. A. (2010). Motivação para aprender no Brasil: estado da arte e caminhos futuros. In E. Boruchovitch, J. A. Bzuneck, & S. E. R. Guimarães (orgs.). *Motivação para aprender: Aplicações no contexto educativo* (pp. 231-250). Petrópolis: Vozes.

Bzuneck, J. A., & Boruchovitch, E. (2016). Motivação e autorregulação da motivação no contexto educativo. *Psicologia Ensino & Formação, 7*(2), 73-84. doi: 10.21826/2179-58002016727584

Bzuneck, J. A., Boruchovitch, E., Miranda, L., & Almeida, L. S. (2014). Motivação acadêmica dos alunos. In L. S. Almeida, & A. M. Araújo (Eds.). *Aprendizagem e sucesso escolar: Variáveis pessoais dos alunos* (pp. 173-214). Braga: Adipsieduc.

Paulino, P., Sá, I., & Silva, A. L. (2015). Autorregulação da motivação: crenças e estratégias de alunos portugueses do 7º ao 9º ano de escolaridade. *Psicologia: Reflexão e Crítica, 28*(3). doi: 10.1590/1678-7153.201528316

Pereira, F. O. (2015). Especificidades do rendimento, aptidão e motivação escolares em alunos com dificuldades de aprendizagem. *Psicologia Escolar e Educacional, 19*(3), 525-536. doi: 10.1590/2175-3539/2015/0193889

Senko, C., & Hulleman, C. S. (2013). The role of goal attainment expectancies in achievement goal pursuit. *Journal of Educational Psychology, 105*(2), 504-521. doi: 10.1037/a0031136

Zenorini, R. P. C., & Santos, A. A. A. (2010). Teoria de metas de realização: fundamentos e avaliação. In E. Boruchovitch, & J. A. Bzuneck (orgs.). *A motivação do aluno: Contribuições da Psicologia Contemporânea* (pp.100-125). Petrópolis: Vozes.

# 6 Atenção, concentração e memória na psicopedagogia, na escola e na vida adulta

*Gislene de Campos Oliveira*
*Marly do Carmo Ferreira Batista Ponce*

## Introdução

A atenção e concentração dos alunos é uma preocupação das escolas que esperam conseguir um melhor desempenho escolar, os melhores resultados de aprendizagem. A memória está relacionada a tais resultados.

Por sua vez, a preocupação de pessoas mais velhas aumenta quando identificam, ao longo do tempo, que estão apresentando alguns "brancos" momentâneos ou alguns sinais de perda de memória que podem dificultar a vida e podem indicar sérios problemas de saúde.

Este capítulo focaliza estes assuntos analisando a possibilidade de intervenção para fortalecimento de processos de atenção, concentração e memória.

Em todas as escolas existem regras que devem ser seguidas no ambiente de sala de aula para um bom aprendizado. Quando o professor dá uma explicação, deve haver atenção concentrada dos alunos, com silêncio e postura correta na carteira.

É imprescindível que eles entendam como devem se comportar para que correspondam às expectativas do professor. Muitos deles se adequam a essas regras e têm um desempenho acadêmico apropriado. Outros, entretanto, não seguem devidamente ao que é esperado deles. São muitos os motivos em que isto ocorre. Há o aluno que desafia a autoridade do professor, que quer fazer brincadeiras para todos rirem, que não realiza uma tarefa porque não quer e muitas vezes atrapalha a concentração de seus colegas durante a aula. Há os alunos ansiosos e impulsivos que não conseguem manter a atenção por muito tempo.

É importante lembrar que a dificuldade de manter a atenção e a concentração pode ser gerada também por diversas causas psicológicas e ambientais, ou mesmo neurológicas. A criança pode apresentar, por exemplo, uma grande apatia.

A criança apática não acompanha o que se passa na classe devido a uma grande inibição. Distrai-se com facilidade, pois passa por diversos devaneios no momento da explicação do professor e nunca sabe o que está se passando na classe.

Além disso, ela não pergunta nada para a professora não só pela sua inibição, mas por não saber o que perguntar. Não se compromete em assumir responsabilidade e não se esforça para superar suas dificuldades escolares. Por consequência, sua autoestima é muito baixa, pois não acredita em si mesma.

Por outro lado, existem crianças muito agitadas que atrapalham a aula, e que têm dificuldade em prestar atenção como é o caso da criança sem limites. A criança que dizemos "sem limites" normalmente tem pais ou responsáveis muito permissivos e superprotetores que a criam como uma "rainha" ou um "reizinho". Ela sabe que pode ter tudo o que quiser e tenta transpor esse pensamento para a escola. Sua atividade é incessante, não parando quieta na carteira, perturbando a aula. Seu poder de atenção e concentração fica constantemente diminuído como consequência de seu comportamento. Isto cria um conflito, pois precisa se adaptar a um ambiente que desconhece e, com isto, torna-se insegura e ansiosa.

Alguns professores acabam confundindo esses comportamentos incessantes de falta de atenção como transtorno de déficit de atenção e hiperatividade (Tdah) e encaminham a psicólogos e neurologistas para que eles resolvam.

O Transtorno de Déficit de Atenção e Hiperatividade (Tdah) é caracterizado como um transtorno do neurodesenvolvimento e que traz como características déficits em regiões do cérebro responsáveis pela memória, atenção seletiva, inibição de comportamentos, entre outros. O Tdah pode ser classificado em três tipos de classificações: predominantemente desatento, predominantemente hiperativo e impulsivo e do tipo combinado.

Apresentamos, a seguir, algumas características de uma criança com Tdah do tipo predominantemente desatento:
- desatenta a detalhes o que faz com que cometa erros;
- dificuldade para sustentar atenção na realização de tarefas;

- parece não escutar o que está sendo diretamente pedido;
- dificuldade em seguir instruções, cumprir prazos e seguir regras;
- dificuldade em organizar tarefas, tais como, mochila, brinquedos, gaveta; perde ou esquece objetos, nomes, datas;
- dificuldade em terminar tarefas que exijam longo esforço mental;
- perda de atenção diante do mínimo barulho em sala de aula;
- negligência com as atividades no dia a dia.

Algumas características de uma criança com Tdah do tipo predominantemente hiperativo e impulsivo:
- não consegue ficar quieto sem movimentar mãos, braços e pernas;
- dificuldade em permanecer sentado na carteira quando necessário;
- dificuldade para brincar com atividades que exijam silêncio;
- seus movimentos são acelerados e impulsivos, pois fala o tempo todo, respondendo antes de a pergunta ser concluída, não consegue esperar a sua vez;
- gosta de se intrometer em assuntos alheios.

Já no Tdah do tipo combinado, as crianças possuem ambas as características, tanto do tipo desatento quanto do tipo hiperativo e impulsivo.

É sempre válido lembrar que para fechar o diagnóstico do Tdah exige-se uma equipe interdisciplinar formada por psicólogos, neuropediatras, psicopedagogos, professores e a própria escola, sem deixar de lado as informações relevantes trazidas pela família da criança.

Existem muitas outras razões que podem levar as crianças à falta de atenção e concentração prejudicando a memória. Qualquer que seja a causa, os professores devem ser capacitados para desenvolver um trabalho criativo e prazeroso para estimular, motivar e manter sempre a atenção e a concentração de seus alunos através de estratégias específicas.

## Atenção, concentração e memória

Discorrer sobre este tema, "Atenção, concentração e memória", nada mais é do que tentar oferecer uma melhor compreensão dos comportamentos e dificuldades que possam precocemente causar algum tipo de prejuízo na vida escolar da criança. Busca-se, na verdade, orientar e integrar os conhecimentos científicos aos pais, professores e profissionais que trabalham com este grupo e que trazem queixas e dúvidas frequentes quanto aos cuidados de que estas crianças necessitam nos contextos onde estão inseridas, ou seja, na família e na escola.

No intuito de que mudanças práticas do dia a dia do professor, a melhoria do desempenho e a evolução de crianças ocorram, torna-se relevante trazer a contribuição da neurociência cognitiva no que tange às informações e orientações de seus conceitos básicos, para a compreensão do processo ensino-aprendizagem. A neuropsicologia, compreendida como um campo de estudo que investiga o funcionamento do cérebro ao avaliar disfunções cerebrais na expressão do comportamento humano, relacionada desde muito cedo à neurociência cognitiva, traz a este universo escolar novas formas de mediação para que a aprendizagem aconteça. E com bases em seus achados, tentaremos explanar sobre funções cognitivas e correlacioná-las com a questão da aprendizagem no contexto escolar e, ao mesmo tempo, trazendo estratégias visando a melhoria do desempenho das crianças na escola.

Autores como Lezac (1995) e Lent (2010) compreendem que o processo de aquisição do conhecimento se dá através da cognição; ou seja, da nossa percepção, memória, pensamento, linguagem, raciocínio e atenção. A resposta dada frente aos estímulos externos e internos que chegam até nós através dos nossos sentidos (olfato, paladar, tato, visão e audição) é resultante da nossa capacidade de identificar e planejar respostas coerentes a estes estímulos.

Tudo aquilo que realizamos de tarefa no nosso cotidiano requer algum tipo de atividade cerebral, mesmo sem termos conhecimento do que está acontecendo, seja em uma situação que exija uma leitura ou a escrita de um texto, um bate papo no final da tarde com um amigo, na identificação de um lugar no mapa, na escolha da cor de uma roupa e até mesmo num ensaio de um novo passo de uma dança.

Os constructos atenção, concentração e memória estão interligados dentro do processo de aprendizagem efetiva. Quando as informações chegam ao nosso cérebro, há, anteriormente, um processo de seleção e filtro, a fim de que uma ordem de prioridades seja estabelecida. A partir daí, as respostas adequadas são sequenciadas de acordo com cada ocasião, no intuito de que estas informações evocadas sejam pertinentes ao serem solicitadas.

Pode-se dizer que a atenção é uma função cognitiva que permite que possamos manter o foco naquilo que julgamos ser importante dentro de um arsenal de informações percebidas e armazenadas pelos indivíduos. A concentração é a capacidade de voltar de forma voluntária a sua atenção a uma direção ou a um alvo, em particular, ou a outros focos do ambiente que despertem a sua atenção.

Enquanto a memória é tudo aquilo que adquirimos de conhecimento, seja das nossas experiências formais ou informais que são armazenadas (*input*) e recuperadas (*output*) no momento preciso.

## Atenção seletiva

Como vimos anteriormente, desde cedo, na escola, aprendemos que, quando o professor pede para que os alunos prestem atenção, na verdade está querendo dizer para que se concentrem na atividade, isto é, devem trazer o pensamento para onde está sendo exigido o foco no momento. A palavra atenção também pode significar o oposto de distração. Quando o aluno desvia sua atenção para outros estímulos ao mesmo tempo, é levado à desatenção. Em outras palavras, estar atento a um aspecto do ambiente, na verdade, significa ser necessário ignorar os demais estímulos ali presentes. Sem que haja esta seleção, poderíamos correr o risco de termos uma quantidade imensa e desorganizada de informações recebidas, o que nos impossibilitaria de realizar qualquer atividade.

De acordo com Lima et al. (2010), os diferentes aspectos da atenção, organizados de forma hierárquica, podem ser classificados desde a mais básica (atenção seletiva) à mais complexa (atenção dividida). A **atenção seletiva** significa selecionar um estímulo dentre outros potencialmente distratores para prestar atenção, por exemplo, estudar para a prova enquanto uma música está tocando. Na **atenção sustentada** o indivíduo mantém a atenção em um estímulo de forma constante, durante um período de tempo prolongado. A **atenção alternada** consiste em alternar a atenção e deslocá-la de um estímulo a outro, mas atendendo de forma seletiva a um estímulo e logo depois a outro. Por último, a **atenção dividida**, a mais complexa, ocorre quando se presta atenção em mais de um estímulo ao mesmo tempo, por exemplo, falar ao telefone enquanto digita um texto no computador.

Dalgalarrondo (2000) aponta que a atenção, de acordo com a sua natureza, pode ser dividida em voluntária e involuntária. A primeira envolve a atenção seletiva que está ligada à questão do interesse, da motivação e da expectativa propriamente dita. Já a segunda envolve eventos ocorridos sem que a criança possa controlá-la.

A influência de fatores internos e externos podem influenciar na manutenção do foco de atenção. Como fatores internos podem-se citar o pensamento em eventos do passado ou do futuro, o sentimento de pressão pelo desempenho em uma tarefa específica, o seu estado emocional, o prejuízo na higiene do sono, o cansaço físico entre outros. Já os fatores externos são os estímulos ambientais, visuais ou auditivos, que desviam a atenção da criança.

## Memória

A aquisição de novas experiências cognitivas depende muito dos processos cognitivos, do pensamento, do raciocínio, da percepção, da atenção e da memória.

A memória é uma faculdade cognitiva extremamente importante visto ser uma base para a aprendizagem. A memória atinge o máximo de sua capacidade em torno dos 20 e 30 anos. A memória está intimamente associada à aprendizagem. "[...] em outras palavras, a aprendizagem é a aquisição de novos conhecimentos e a memória é a retenção dos conhecimentos aprendidos" (Curi, 2002).

A memória de uma pessoa é a história de suas experiências gravadas no cérebro.

## Fases da memória

### Atenção seletiva

Na primeira fase da memória, a atenção atua como um mecanismo de seleção ou "filtro". Normalmente, de acordo com a nossa história de vida e de nossas experiências, nosso cérebro seleciona somente algumas informações significativas em detrimento de outras que considera irrelevantes.

Às vezes, como já vimos, temos dificuldades em manter nossa atenção quando duas ou mais tarefas se apresentam ao mesmo tempo. Com isto, acabamos registrando um só estímulo em detrimento do outro ou mesclamos as tarefas sem armazenar claramente nenhum.

Muitas pessoas com queixa de falta de memória podem não ter bem desenvolvida a capacidade de atenção e concentração, e por causa disso terão dificuldade em registrar dados em sua memória.

A atenção, portanto, é o primeiro passo no processo de memorização. Os principais responsáveis para o desenvolvimento desta habilidade são os 5 sentidos: audição, tato, paladar, visão e olfato que captam os detalhes daquilo que prestamos atenção, enviando essa mensagem para o cérebro.

### Codificação

Neste estágio, o cérebro seleciona as informações. Armazena aquelas que considera importantes e significativas e descarta as demais.

### Armazenamento da informação

Os dados selecionados são guardados na memória, onde ficam armazenados em "caixas" ou "gavetas". Podem ser acessadas sempre que precisamos deles.

### Fase da recuperação ou resgate

Esta fase diz respeito ao momento em que acessamos os dados armazenados na memória. É o que chamamos de "**lembrança**".

## Categorias da memória

Segundo Izquierdo (2002, p. 19), "há muitas classificações da memória de acordo com sua função, com o tempo que duram e com o seu conteúdo". Um termo essencial é a memória de trabalho. Ela auxilia a reter a informação por pouco tempo e logo é esquecida. É conhecida também como memória imediata ou sensorial.

Izquierdo ressalta a importância da memória de trabalho salientando que no momento de receber qualquer tipo de informação, deve determinar se é uma notícia nova ou não ou se é similar com alguma já existente e compara as possíveis relações da experiência atual com outras semelhantes das quais possa fazer registros.

Sua duração é muito curta, dura um breve período de tempo. Sua função é a de conservar a estimulação e a percepção. Podemos falar em memória visual, auditiva, cinestésica e memória olfativa. É a que utilizamos quando acabamos de ouvir um número de telefone ditado por alguém ou uma informação e logo depois a pessoa é incapaz de se lembrar de parte ou de todos aqueles números.

No entanto, as informações podem ser armazenadas pela repetição. Quanto mais tempo se permanece com esta informação, maior é a probabilidade que se transfira para a memória a longo prazo.

### Memória de curta duração

Esta memória dura minutos ou horas. É a capacidade de memória imediata após uma única exposição. Às vezes, uma pessoa consegue memorizar informações verbais ou visuais simultaneamente. Esta memória é temporária e limitada em sua capacidade, sendo armazenada por um breve espaço de tempo. Exemplo: A memória para datas ou fatos históricos e outros eventos é mais fácil de se formar, mas ela é facilmente esquecida, caso não seja trabalhada no dia a dia ou não haja uma maior atenção seletiva. As fixações sucessivas no nível da memória de curta duração podem ser apagadas uma após a outra.

**Memória de longo prazo ou memória geral**

Esta memória estabelece traços duradouros, dura dias, semanas e mesmo anos. Ela leva mais tempo para ser consolidada, pois, para que se torne permanente e mais ampla, requer atenção, repetições e ideias associativas. Exemplo: quando recordamos o nome dos amigos de infância ou fatos ocorridos quando éramos jovens. O processo de armazenar novas informações na memória de longa duração é chamado de **consolidação**.

A memória de longo prazo tem uma capacidade ilimitada. Nela se encontra armazenado tudo o que conhecemos sobre nós mesmos e sobre o mundo em que vivemos: palavras, imagens, conceitos, estratégias, esquemas, procedimentos.

Resumindo, inicialmente o registro da informação é sensorial, o que constitui uma etapa altamente instável. Posteriormente, a memória de curto prazo seria a responsável pela aquisição e retenção da nova informação. Finalmente a memória a longo prazo seria a armazenagem (consolidação) da informação bem aprendida.

Muitas informações chegam até nós através de palavras escritas, faladas, de informações não verbais, como imagens, cores, texturas, sabores, sons, paisagens, movimentos.

## Alguns sinais de perda de memória

São sinais geralmente normais, também chamadas de agnosia:
- dificuldade ocasional de encontrar a palavra certa;
- ocorrência de "branco" em relação ao nome de um conhecido ou colega;
- esquecimento temporário de onde colocou as chaves ou a carteira;
- esquecimento momentâneo de qual é o dia da semana;
- esquecimento de desligar o fogão uma ou duas vezes;
- esquecimento de um item de uma lista de afazeres;

- esquecimento eventual de um encontro ou compromisso;
- sensação de desorientação num *shopping center* muito grande ou em um estacionamento;
- não reconhecimento de alguém que se conheceu há muito tempo.

Perda severa da memória:
- dificuldade de se lembrar do nome de objetos comuns;
- dificuldade de entender palavras;
- uso de palavras inadequadas em lugar de outras, o que torna as frases incompreensíveis;
- fazer a mesma pergunta repetidas vezes;
- colocar objetos em lugares impróprios, como guardar o ferro de passar roupa no congelador e não se lembrar de como ele foi parar ali;
- não saber a data, a hora e o ano;
- usar roupas inadequadas, como casaco de inverno num dia quente de verão;
- esquecer repetidas vezes compromissos importantes;
- perder-se na própria rua e não saber onde está, nem como chegou ali.

É importante lembrar que uma pessoa com agnosia tem conhecimento de suas falhas na memória ou dos "brancos" que aparecem, e a pessoa com Alzheimer perde a consciência do tempo.

## Estratégias para melhorar a capacidade de manter a atenção, a concentração e a memória

Como já foi visto, a memória atinge o máximo de sua capacidade aos 20 anos de idade. Ela se modifica conforme os anos passam. Isto é normal no indivíduo saudável. A partir de 30 anos pode haver certo declínio com o aparecimento de pequenos lapsos e isso talvez evolua com a idade, pois as pessoas tendem a ficar acomodadas e não estimularem suficientemente seu cérebro.

Apresentamos a seguir, tanto para as crianças como para os adultos, algumas estratégias para melhorar a estimulação cerebral, a fim de que saiam da zona de conforto e procurem ampliar a capacidade de sua mente.

### Leitura

A leitura auxilia o indivíduo a fazer associações entre as diversas áreas cerebrais, provocando maior número de lembranças e experiências, e, portanto, está intimamente associada à aprendizagem. O hábito de leitura é uma ferramenta muito eficaz para estimular a capacidade da mente e da memória, pois quanto mais se pratica a leitura, mais o cérebro fica ativado.

Quando uma pessoa lê, está ativando várias áreas cerebrais, vasculhando as memórias que já possui e acrescentando outras, adquirindo novos conhecimentos. Cientistas afirmam que ler aumenta as conexões neurais (através de sinapses) fazendo com que o cérebro funcione melhor.

Quando a leitura é prazerosa e intensa, mais associações a pessoa faz. É um combustível para a imaginação, além de aumentar o vocabulário, estimular a criatividade, incitar o senso crítico, exercitar a atenção, a concentração e a memória. Ler é reagir, pois não basta ao leitor decodificar o que está escrito; é necessário que ele interaja com o texto, que o interprete, que o julgue, que o avalie e o remeta ao que já tem guardado na memória, para uma aprendizagem mais significativa a se modificar interiormente.

Muitos professores impõem alguns livros para os alunos que se tornam aversivos para eles. Ler por imposição exerce uma atividade mecânica que pouco tem a ver com a motivação, o significado e o sentido do que é lido. É importante que os professores estimulem as crianças a ler com prazer, que as faça ter a curiosidade e é esta curiosidade que a motiva a ler cada vez mais.

É importante lembrar também, principalmente aos adolescentes e adultos, que o excesso de leitura pode prejudicar, pois, às vezes, pode levar a um cansaço mental. Existem pessoas que ficam lendo muitas horas seguidas e que acabam com dor de cabeça, tontura, com os olhos ardendo e secos por falta de lubrificação, porque se esquecem de piscar. Isto acontece também com quem fica muitas horas no computador ou nos tablets. Os olhos, portanto, precisam de algum descanso e de relaxamento.

A motivação para a leitura deve começar pela família quando os filhos ainda são bem jovens. Eles devem levar os filhos para uma livraria e deixar que escolham o que quiserem, dentro da leitura adequada para a idade, para que a mãe ou eles leiam se já forem alfabetizados.

Concordamos com M. A. Gomes e E. Boruchovitch (2014, p. 141) quando afirmam que "o desenvolvimento da motivação para a leitura e da competência leitora não é apenas do professor alfabetizador e do professor de língua portuguesa, mas de toda a equipe escolar".

O leitor adulto muitas vezes tem motivação própria de acordo com sua vivência, sua experiência e sua necessidade.

Exemplo de alguns exercícios que podem incentivar o hábito de leitura:

• O professor pode dividir a classe em grupos e para cada um indicar um livro diferente de acordo com sua escolha, orientado por ele. No final, cada grupo deve comentar o que leu para todos, salientando as ideias principais do texto.

• Outras formas que auxiliam na ativação do cérebro são ler em voz alta, ler e repetir o que leu, ler em silêncio.

**Atividades da vida diária**

Praticar jogos de xadrez e fazer palavras cruzadas são os melhores exercícios para ativar o cérebro, pois obrigam a pessoa a vasculhar as várias memórias já existentes para poder ter um bom êxito.

Outras atividades:

• Fazer exercícios simples como recordar fatos do dia a dia, lembrar o que comeu no almoço, o que leu no jornal, fatos que ocorreram no dia anterior, o que ocorreu no último capítulo da novela...

• Tentar usar a mão ou o pé não dominante é uma forma de trabalhar melhor o cérebro inteiro.

• Tentar memorizar a lista de compras antes de ir ao supermercado. Sem olhar novamente essa lista fazer suas compras e só confirmar ao término, antes de passar no caixa. Dica para esta tarefa: categorizar a lista para facilitar a memorização. Exemplo: frutas ou verduras com a mesma letra. De vez em quando, fazer compras em supermercados diferentes onde os artigos estão organizados de outra forma ou apresentar novos produtos.

**Aprendizagem de novas habilidades**

A aprendizagem de novas habilidades altera o cérebro e traz alguns benefícios como a melhora da capacidade de memória. Essa aprendizagem exige novos modos de pensar e à medida em que a pessoa vai ficando experiente, menos trabalho seu cérebro precisa fazer. Ela se torna automática, isto é, não há necessidade de pensar para realizar. Quanto mais as conexões entre os neurônios são formadas, mais as sinapses existentes ficam mais fortes, mais aprendemos e mais informações somos capazes de reter.

Essas novas habilidades dependem da motivação, do interesse em aprender, de acordo com o histórico de sua vida.

Exemplos: aprendizagem de um instrumento musical; realizar trabalhos manuais como artesanato; pintar quadros; aprender a trabalhar no computador; aprender alguma língua estrangeira.

### Como manter o cultivo da atenção

É importante ater-se aos fatos importantes que ocorreram durante o dia e procurar guardá-los; aumentar seu poder de observação tanto na natureza, como em situações vivenciadas, no dia a dia e passar a observar mais detalhes. Fazer um esforço mental consciente para observar melhor o que está na sua frente. Exemplo: Cada pessoa deve citar o nome de frutas, de animais, cidades, de pessoas por exemplo, que começam com determinadas letras a serem sorteadas (Jogo *Stop*). Este jogo é excelente para ativar a memória.

### Motivação

O fator motivacional referente à maneira como o tema é trazido para o universo da criança é essencial para que ela preste mais atenção e se concentre na atividade, quer seja na sala de aula ou durante a lição de casa. É sempre importante ter em mente se a falta de concentração e interesse não está relacionada à abundância de informações e métodos inadequados de ensino. O professor deve sempre retomar com seus alunos a importância da concentração no aprendizado, fazer uma coisa de cada vez e manter toda a atenção voltada para cada atividade.

Existe também a necessidade de nunca deixar de destacar a relevância da dedicação total na tarefa até a sua conclusão e só depois passar para a próxima atividade e assim sucessivamente, para que não haja excesso. Tem que se ter em mente que estamos lidando com crianças em fase de desenvolvimento cognitivo.

### Fuga da rotina

A rotina faz com que os comportamentos se tornem hábitos automáticos e, consequentemente, não exigem trabalho mental para se consolidarem. De vez em quando, deve-se introduzir novidade na rotina do dia a dia, estimulando uma maior atenção. Um exercício que se pode utilizar neste sentido é experimentar novos caminhos para os locais onde normalmente frequenta. O importante é mudar os hábitos recorrentes para fazer o cérebro trabalhar mais.

**Atividade física**

Os exercícios físicos realizados com regularidade trazem benefícios importantes para o processo de memorização.

Quando exercemos alguma atividade física são ativados e produzidos alguns neurotransmissores, como a serotonina, a endorfina e a dopamina que levam instruções de uma célula para outra ativando circuitos neuronais, ligados ao bem-estar, à atenção e à aprendizagem. Estimulam o hipocampo, que é a parte do cérebro responsável pela memória e pela aprendizagem.

Os exercícios físicos, portanto, fazem com que as vias cognitivas fiquem mais eficientes promovendo a capacidade de raciocínio rápido.

Uma caminhada diária muitas vezes é suficiente. Outras atividades importantes são os esportes (tênis, natação, ciclismo etc.), as artes marciais, a dança.

**Importância do sono**

Cada indivíduo necessita de um tempo adequado de sono. Ter uma boa noite de sono fará com que se permaneça mais atento com mais facilidade de recuperar uma informação. Enquanto dormimos, a memória está sendo armazenada e ativada pelo cérebro. Muitas vezes acordamos durante a noite com as respostas para muitas questões que estávamos trabalhando no dia anterior. Passamos por diversas etapas do sono.

Logo ao dormir passamos por um processo com a duração de 5 a 10min, que consiste na transição do sono e da vigília. É um estágio em que as pessoas ainda estão conscientes. Depois há uma diminuição progressiva do tônus muscular e profundo relaxamento. A respiração fica mais profunda, os ritmos cardíacos diminuem, juntamente com a temperatura. Aproximadamente meia hora depois de seu início passamos para uma fase denominada sono delta. O hormônio do crescimento é ativado e auxilia no vigor físico na prevenção da osteoporose, da flacidez muscular.

Não é nossa intenção analisarmos as diversas etapas do sono. Nosso objetivo é discorrer sobre o estágio do sono chamado de REM em que se caracteriza pelo movimento incessante e rápido dos olhos. Nesta fase há também a liberação do cortisol, permitindo que tenhamos um sono profundo: a fase REM é considerada a mais importante do nosso período de repouso, sendo responsável pela consolidação da memória, pois os conhecimentos aprendidos durante o dia são processados, validados e armazenados na memória.

O relaxamento muscular atinge o pico máximo, a temperatura e as frequências respiratórias e cardíacas aumentam novamente. O cerebelo e regiões frontais desempenham ativamente suas atividades, renovando nossa coordenação motora e a capacidade de planejar e executar tarefas. É durante esse momento que sonhamos o que aprendemos durante o dia e que a memória se torna processada, consolidada e armazenada. Assim, nosso humor, criatividade, atenção, memória e equilíbrio estão intimamente ligados a essa fase.

É na escola que os primeiros sintomas da falta de sono são percebidos. O desempenho cai e a criança pode apresentar hiperatividade, em função da irritabilidade e da sua dificuldade de concentração. Se alguém, adulto ou criança, dorme menos que o necessário, sua memória de curto prazo não é adequadamente processada e a pessoa não consegue transformar em conhecimento aquilo que foi aprendido.

Assim quando **não dormimos** nossa memória fica falha, ficamos irritadiços e sentimos cansaço, dor de cabeça e indisposição. A redução das horas de sono também diminui a produção de insulina e aumenta o cortisol. E isto pode aumentar a probabilidade de o indivíduo desenvolver diabetes.

- Riscos provocados pela falta de sono a curto prazo: cansaço e sonolência durante o dia, irritabilidade, alterações repentinas de humor, perda da memória de fatos recentes, comprometimento da criatividade, redução da capacidade de planejar e executar, lentidão do raciocínio, desatenção e dificuldade de concentração.
- Riscos provocados pela falta de sono a longo prazo: falta de vigor físico, envelhecimento precoce, diminuição do tônus muscular, comprometimento do sistema imunológico, tendência a desenvolver obesidade, diabetes, doenças cardiovasculares e gastro-intestinais e perda crônica da memória.

Relaxamento e equilíbrio emocional

Estar relaxado e emocionalmente bem é fundamental para manter uma boa atenção e conservação da memória. A tensão, a ansiedade, a depressão interferem muito no processo de memorização. O *stress* mental provocado por excesso de trabalho ou de preocupação leva ao esquecimento. O *stress* crônico altera o equilíbrio químico do cérebro diminuindo a capacidade de manter a atenção, a concentração e como consequência interfere na memorização.

Fazer meditação é um ótimo exercício para quem se encontra muito estressado, pois se volta para si em pleno domínio de seu corpo.

### Socialização

A socialização ajuda muito no processo de manter vivas as lembranças e aumentar as experiências. Deve-se evitar o isolamento e participar de atividades em grupo. A depressão, a tristeza e a ansiedade afetam a capacidade de memória e deixam o cérebro mais lento.

Ter uma vida social ativa é um passo importante para exercitar a memória, porque também mantem o cérebro em atividade constante. As interações com as pessoas e o ambiente ao seu redor favorecem o sistema cognitivo e, por isso, é importante criar laços, inclusive na terceira idade, fase mais susceptível às doenças do cérebro. A socialização ajuda muito no processo de manter vivas as lembranças e aumentar as experiências. Deve-se evitar o isolamento e participar de atividades em grupo.

### Autoimagem positiva

Tanto a autoestima pode melhorar a memória quanto a memória pode aumentar a autoestima. Quando se tem a imagem de si positiva, tem-se mais autoconfiança e mais condição para procurar resolver problemas e desafios e mais livre ficamos para trabalhar conceitos neurológicos e cognitivos como atenção, concentração e memória.

O fato de termos baixo nível de memorização se reflete também em nós em nível emocional e efetivo, pois a autoestima se vê afetada por estes resultados.

### Exercícios de ginásticas cerebrais

Muitas vezes, condicionamos o nosso cérebro a funções cada vez mais simples e repetitivas, que podem deixar o nosso cérebro mais preguiçoso. Ou seja, no momento em que mais precisamos, temos aqueles chamados "brancos", causados pelo baixo desempenho da memória. Com o tempo, se o cérebro não for exercitado com regularidade, sua capacidade produtiva pode diminuir e esses esquecimentos tendem a se intensificar.

Deve-se exercitar o cérebro como se fosse um músculo realizando exercícios cerebrais que ajudam as pessoas a aumentar a sua reserva cognitiva. A ginástica cerebral estimula o cérebro com novidades, variedades e desafio crescente. São ativadas as várias áreas que se encontram inativas e potencializam as mais ativas. Trata-se de uma série de exercícios que estimulam os cinco sentidos e melhoram a capacidade de atenção, de concentração e consequentemente a da memória.

Essas atividades despertam a motivação, fortalecem o interesse pelo aprendizado e a aquisição de novos conhecimentos.

Esses exercícios devem primeiramente provocar a motivação das pessoas envolvidas. Além das dicas apresentadas anteriormente, existem muitos jogos e atividades como enigmas, charadas, desafios com o objetivo de estimular as múltiplas inteligências, música, linguística, arte, pensamento lógico matemático.

É importante lembrar que o excesso de estimulação cerebral pode causar sobrecarga e fadiga mental. O cérebro tem capacidade limitada ao lidar com muitos afazeres ao mesmo tempo e se nos excedermos, teremos consequências negativas como desatenção, esquecimento e baixa de rendimento.

Há muitas crianças que têm atividades estressantes todo dia: aulas de inglês, natação, instrumento musical, artes marciais, aulas de reforço e isto pode prejudicar seu desempenho acadêmico e pessoal.

**O que põe causar danos à memória**

Vivemos em uma sociedade cujo excesso de informação, aliado ao estresse estão entre as causas de falha na memória. Isto sem mencionar outros fatores, que também se mostram relevantes neste processo como sono irregular, rotina com excesso de trabalho, alimentação desequilibrada e o uso desde cedo de álcool e drogas ilícitas que a longo prazo, podem levar a um declínio muito importante da memória, principalmente dos etilistas crônicos que fazem uso da bebida alcóolica.

Existem alguns fatores que podemos destacar, que também causam prejuízos progressivos, como alguns tipos de tumores cerebrais, principalmente os localizados na região do lobo frontal ou temporal.

Estes são casos menos comuns e, muitas vezes, estão associados a outros sintomas, como cefaleia, crises epilépticas, entre outras.

Algumas alterações orgânicas hormonais podem causar danos à memória, como o hipotireoidismo, que é um distúrbio em que se tem uma redução da função da tireoide. O acúmulo de gordura nos vasos sanguíneos cerebrais, provocados pela diabetes, aumento de colesterol, tabagismo também podem levar a uma lentidão de pensamento provocando uma perda progressiva de memória.

A hipertensão arterial também prejudica porque acaba levando ao fechamento dos vasos sanguíneos cerebrais. Quanto menos fluxo sanguíneo o cérebro recebe, menos ele é capaz de manter qualquer atividade, mais especificamente a atenção, a concentração e, portanto, a memória, em consequência.

É importante lembrar que não estamos querendo dizer que de repente a memória estaria com algum prejuízo e sim que a falta de atenção em uma determinada situação interfere no armazenamento da informação e, portanto, não existirá um registro da memória.

Hoje, além dos testes neuropsicológicos, com o avanço dos exames de neuroimagem, ressonância magnética do encéfalo, tomografia do crânio, exames laboratoriais, podemos ter uma melhor compreensão do que pode estar causando esses prejuízos.

Finalmente, mesmo quando dificuldades aparecem no nosso cotidiano, sabemos que é possível encontrar novos caminhos, que às vezes podem parecer serem tortuosos, mas com o devido engajamento, podemos perceber qual deles decidiremos seguir. Contar com a ajuda de profissionais especializados e adquirir novos conhecimentos a respeito de nossas dificuldades, podem ser um facilitador para darmos o primeiro passo em busca de uma melhor qualidade de vida.

## Fontes consultadas

Alvarez, A. (2008). *Deu Branco – Um guia para desenvolver o potencial de sua memória*. Rio de Janeiro: Record, 8ª edição.

Brandão, M. L. (2004). *As bases biológicas do comportamento: Introdução à neurociência*. São Paulo: Pedagógica e Universitária.

Boruchovitch, E, & Gomes, M. A. M. (2014). Promovendo a motivação para a leitura: contribuições para pais, professores e educadores. In Oliveira, Fini, Boruchovitch, & Palermo. *Educar crianças, grandes desafios: como enfrentar?* Petrópolis: Vozes.

Curi, N. M. (2002). Atenção, memória e dificuldades de aprendizagem. Tese de doutorado. Campinas: Unicamp.

Dalgalarrondo, P. (2000). *Psicopatologia e semiologia dos transtornos mentais*. Porto Alegre: Artes Médicas.

Henriquez, S. P. ( 2012). *Como mejorar la memoria*. Madri: Libsa.

Izquierdo, I. (2011). *Memória*. Porto Alegre: Artes Médicas.

Kandel, R. E., Schwartz, H. J., & Jessell, M. T. (2014). *Fundamentos da neurociência e do comportamento*. Porto Alegre: Artmed, 5ª edição.

Lent, R. (2008). *Neurociência da mente e do comportamento*. Rio de Janeiro: Guanabara Koogan.

Lent, R. (2010). *Cem bilhões de neurônios: conceitos fundamentais de neurociência*. Rio de Janeiro: Ateneu.

Lezac, M. C. (1995). *Neuropsychologial assessment*. Oxford: Oxford University Press.

Lima, R. F., Tabaquim, M. L. M., & Ciasca, S. M. (2010). Sistema atencional nas funções executivas na infância. In: S. M. Ciasca, S. D.R. Rodrigues.; & C. A. Salgado (orgs.). *Transtorno de déficit de atenção e hiperatividade*. São Paulo: Revinter.

Soprano, A. M., & NERBONI, J. (2007). *La memoria del niño*. Barcelona: Masson.

# 7 Desenvolvendo a consciência metacognitiva

*Evely Boruchovitch*
*Maria Aparecida Mezzalira Gomes*

O sucesso escolar é o objetivo da maioria dos estudantes, incentivados por suas famílias. Também é uma grande preocupação de educadores, pressionados pelos pais e governantes, que despendem grandes somas de dinheiro na manutenção de crianças, adolescentes e jovens nas escolas. Por outro lado, o fracasso escolar acarreta a perda da autoestima, do senso de competência dos alunos e, muitas vezes, os leva a desistirem de estudar, com grande prejuízo para a sua formação, e comprometimento do seu futuro. Assim, o intuito deste capítulo é mostrar caminhos que poderão ser percorridos por psicopedagogos e por educadores em geral, e também por todos os que estão interessados em enfrentar e superar o desafio de incrementar o ensino e a aprendizagem de crianças, jovens e adultos, para que possam aprender mais e melhor.

## A contribuição da psicologia cognitiva para o estudo do comportamento humano e, sobretudo, para a psicologia da aprendizagem; a metacognição e seu impacto na aprendizagem de qualidade

Existe uma poderosa ferramenta capaz de maximizar o processo cognitivo: a *metacognição*, isto é, "conhecimento e cognição sobre o fenômeno cognitivo". O conhecimento metacognitivo pode se referir a pessoas, tarefas e estratégias, e muito do que se diz sobre metacognição, na verdade, refere-se ao *conhecimento*, ao *monitoramento* e à *regulação metacognitivos*. Pode-se observar, desde a idade de cinco a sete anos, alguma manifestação de atividade metacognitiva. A consciência metacognitiva ocorre, frequentemente, durante a execução de um projeto pessoal, seja na forma de monitoramento de ações realizadas para o alcance de uma determinada meta, seja pelo exame e avaliação do próprio desempenho.

De fato, os efeitos da *atividade metacognitiva* estão presentes na vida cotidiana, mesmo que as pessoas não os percebam. Assim, quando ações rotineiras falham, o indivíduo consegue encontrar um modo alternativo para contornar o problema. Da mesma forma, crianças e adolescentes desenvolvem habilidades complexas quando se trata de ganhar um jogo, e são capazes de avaliar os próprios erros e de evitá-los numa nova oportunidade. Essas habilidades são desenvolvidas de modo incidental, ao longo da vida, mas podem ser ensinadas e aprendidas para melhorar o desempenho nas diversas atividades humanas.

Pode-se observar, na aprendizagem formal, que certos alunos *percebem* quando aprendem com mais facilidade um determinado conteúdo e quando têm dificuldade em outros. Bons leitores, quando leem, geralmente *sabem* se estão compreendendo ou não, o que estão lendo, assim como jogadores experientes no xadrez, *sabem empregar estratégias* desconhecidas por jogadores ocasionais e ensiná-las a pessoas que desejam melhorar o próprio desempenho. É importante salientar, portanto, que professores e alunos *podem de forma consciente*, e *intencionalmente,* aprender a utilizar a *metacognição* para aumentar a aprendizagem. A Psicologia Cognitiva tem, pois, contribuído com estudos e pesquisas acerca desse tema, com grande aplicabilidade nas diferentes áreas do conhecimento humano e que podem ser utilizados em todos os níveis do ensino.

No entanto, para utilizar essa poderosa ferramenta é preciso compreender como ela funciona. O *conhecimento metacognitivo* inclui o *autoconhecimento* de suas próprias possibilidades e possíveis limitações, o *conhecimento das tarefas* a serem realizadas, assim como das *diferentes estratégias* para realizá-las. Exemplo: Se o objetivo é escrever um texto literário, o escritor deverá *conhecer os requisitos necessários para esse tipo de texto* e para o público ao qual se destina. Por outro lado, um *escritor inexperiente* poderá pensar em *planejar um roteiro* que certamente será de grande utilidade para *ser bem-sucedido na tarefa*. A *consciência metacognitiva* exige mais: a metacognição inclui a *regulação metacognitiva*, isto é, o *monitoramento* do sujeito acerca das suas próprias realizações. Como exemplo, entre as *estratégias de monitoramento e regulação da escrita*, pode-se utilizar a *revisão por outro escritor amigo e/ou proceder à autocorreção do texto*.

A metacognição pode, pois, ser considerada um "sistema executivo" que *planeja, dirige e controla* o processamento cognitivo, indicando *qual estratégia é necessária* para a execução da tarefa, *quando e como utilizá-la*. Por meio do monitoramento, o sujeito *sabe se está agindo em direção ao objetivo planejado* ou se é necessário *corrigir/modificar* algo. As *estratégias* podem ser definidas como sequências de procedimentos ou atividades conscientes e intencionais que os sujeitos usam para adquirir, manter, integrar e/ou utilizar a informação. São comportamentos e pensamentos que influenciam o processo de aprendizagem de maneira que a informação obtida possa ser armazenada mais eficientemente – as *estratégias cognitivas*. As *estratégias cognitivas* operam diretamente sobre o material a ser aprendido, auxiliando o estudante a processar melhor a informação, como, por exemplo, fazer anotações, sublinhar a ideia principal de um texto, resumir. As *estratégias metacognitivas* são procedimentos que o indivíduo emprega para planejar, monitorar e regular o seu próprio pensamento e ação, como selecionar os materiais para o estudo, escolher um ambiente adequado, reler parte do texto quando perceber alguma dificuldade na compreensão. A utilização de estratégias de aprendizagem pode ser considerada como variável-chave para o fortalecimento da capacidade de aprender e de elevar a qualidade do desempenho escolar de alunos.

Diversos estudiosos analisaram e categorizaram as estratégias cognitivas e metacognitivas que podem ser utilizadas em situação de aprendizagem: as *estratégias cognitivas de ensaio, elaboração, organização, monitoramento e as estratégias afetivas*, isto é, as que se referem à eliminação de sentimentos desagradáveis, que não condizem com a aprendizagem, por exemplo, a manutenção da motivação, da atenção e da concentração, o controle da ansiedade e do próprio comportamento. Relativamente às *estratégias metacognitivas*, pode-se destacar, além do *autoconhecimento*, a necessidade de *estabelecer objetivos e metas* para a tarefa, *o planejamento, o monitoramento* para acompanhar se os objetivos estão sendo atingidos; as *estratégias* para prevenir e corrigir os erros (evitar distrações, rever o que já foi feito), o *domínio das emoções* e a *regulação do comportamento*, no sentido de adotar procedimentos mais eficazes. Alguns autores identificaram *estratégias prejudiciais à aprendizagem*. Entre elas: verbalizações negativas diante de um desafio ou tarefa (reclamações e queixas, autodepreciação), acerca da própria capacidade, com o objetivo de se desculpar por um possível fracasso; adiar ou deixar de cumprir a atividade alegando falta de tempo; distrair-se ou agir conscientemente de forma inconveniente, como abuso de álcool ou outras drogas ilícitas. O uso de estratégias está relacionado também às dimensões motivacional e afetiva/emocional. As autocrenças positivas, um maior nível e qualidade motivacional, sentimentos e emoções positivas, levam o estudante a investir mais esforço e persistência na consecução de objetivos e metas. Pesquisadores afirmam que a metacognição é um poderoso preditor de aprendizado, isto é, quanto maior a capacidade metacognitiva do aluno, melhor desempenho ele tende a ter em sua aprendizagem, e mais profunda é a sua capacidade de processar as informações. Quando alguém consegue regular as dimensões cognitiva, metacognitiva, emocional e motivacional, pode-se considerar que ele/ela seja autorregulado. A autorregulação da aprendizagem é importante, para os estudantes, na aquisição da linguagem, na comunicação e na compreensão oral, na leitura, na escrita, na atenção, na resolução de problemas, no domínio das diversas áreas do currículo e em vários tipos de autocontrole. Os estudos e pesquisas que consideram esses diferentes fatores relacionados à aprendizagem e ao sucesso escolar estão inseridos na perspectiva da *aprendizagem autorregulada*.

## A metacognição e a autorregulação na aprendizagem

O conceito de *aprendizagem autorregulada* integra os aspectos cognitivos, afetivos, sociais e contextuais, a partir dos processos de desenvolvimento e de aprendizagem. O pressuposto da perspectiva da aprendizagem autorregulada é que todo aluno tem o potencial de tornar-se um estudante bem-sucedido, autorregulado, proativo e promotor do próprio desempenho, por meio da utilização de estratégias cognitivas, metacognitivas, afetivo-emocionais e motivacionais. Além disso, é possível aos educadores "ensinar a aprender" e "aprender a aprender", embora esses sejam investimentos educacionais em longo prazo. Entre as características do aluno autorregulado e estratégico, pode-se afirmar que ele *sabe como e quanto sabe,* e, igualmente, *como se aprende*; conhece suas possibilidades e limitações, é capaz de regular seu processo de aprendizagem para maximizar o rendimento. Também é capaz de *decidir sobre a necessidade de utilizar estratégias de aprendizagem, quais, como e quando* utilizá-las. Sabe *planejar seu tempo de trabalho* e o estudo das diferentes matérias para obter um ótimo rendimento, sabe *avaliar* o seu próprio desempenho e mudar a dinâmica de trabalho quando algo não funciona; enfim, aprendeu a *monitorar e controlar* os próprios processos de aprendizagem.

As estratégias cognitivas, metacognitivas, afetivas e motivacionais são instrumentos de autorregulação, na medida em que contribuem para que o estudante possa promover o próprio processo de aprendizagem, a regulação do próprio pensamento e a manutenção de um estado interno afetivo e motivacional que facilitem a aprendizagem. Estudantes autorregulados conseguem, com maior facilidade, transferir o que aprenderam de um contexto para outro similar, ou de uma tarefa anterior para uma nova. Sendo assim, melhoram os seus resultados acadêmicos nos diversos domínios de aprendizagem: leitura e compreensão de texto, escrita, matemática, memória, raciocínio e resolução de problemas. Promover a autorregulação na aprendizagem significa garantir aos alunos um alto grau de qualidade na aprendizagem e torná-los aprendizes autônomos. Representam, portanto, relevantes objetivos educacionais, a serem assumidos pelas escolas, pelos professores e por psicopedagogos no atendimento em clínicas ou nas escolas.

## Professores e psicopedagogos trabalhando no fortalecimento e promoção da aprendizagem autorregulada

Um grande avanço na área da psicologia tem sido mostrar que o desenvolvimento humano depende muito do ambiente e da aprendizagem, ou seja, das oportunidades de desenvolvimento ao longo da vida, da mediação sociocultural. Isso não significa negar a hereditariedade, mas mostrar a modificabilidade, a flexibilidade do comportamento humano. Daí a importância da educação, da aprendizagem e do *desenvolvimento da consciência metacognitiva*. O papel do adulto é fundamental não apenas na infância e na adolescência, como também entre pares, nas experiências e vivências educativas. *Professores conscientes e autorregulados terão maior êxito no desenvolvimento da autorregulação dos estudantes.*

Cientes da necessidade de formar docentes e educadores nessa perspectiva, pesquisadores têm estudado as *concepções de professores* acerca da educação, do ensino, da aprendizagem e de suas práticas educativas, no intuito de descobrir as possibilidades de atuar e/ou intervir em cursos de formação e capacitação dos educadores, tornando-os autorregulados e capazes de desenvolver a autonomia dos seus alunos. Algumas dessas pesquisas, internacionais e nacionais, realizadas com alunos de cursos de Formação de Professores e de professores em exercício, mostraram o desconhecimento deles acerca dos próprios processos de aprendizagem e a não utilização de estratégias de aprendizagem com o objetivo de melhorar a própria aprendizagem e desempenho. Foram também identificados alunos que utilizam diversas *estratégias autoprejudicadoras* no contexto acadêmico, principalmente a *procrastinação* e não fazer a leitura de textos teóricos. Essas estratégias prejudiciais se manifestam por meio de verbalizações, de comportamentos expressos antes ou durante a realização de uma tarefa e demonstram sentimento de culpa por um possível fracasso. Entre as causas reconhecidas por eles para não conseguir o sucesso estão a desmotivação, a falta de esforço e os sentimentos negativos; em consequência, sentem frustração, culpa e tristeza. Na realidade, podem ser cognitivamente bem preparados, mas lhes falta regulação nas dimensões metacognitiva, emocional e motivacional.

Outros pesquisadores encontraram professores, em situação de formação inicial ou em cursos de capacitação, que apresentam *pouco conhecimento metacognitivo*, possuem sérias *deficiências de processamento da informação*, revelam falta de consciência das suas próprias dificuldades, sobretudo as relativas a atitudes, interesses, motivação. Sentem dificuldades quanto ao gerenciamento de tempo, à ansiedade, à concentração, ao processamento da informação. Não conseguem selecionar as ideias principais em textos, e não fazem uso de técnicas de apoio, de autotestagem, de planejamento e organização dos estudos para exames e testes; e nem sequer se preocupam com suas deficiências. Mesmo professores em exercício possuem conceitos vagos sobre o aprender a aprender, apresentam desconhecimento e/ou concepções imprecisas e unidimensionais das estratégias de aprendizagem e oferecem poucas orientações aos alunos, em sala de aula, sobre estratégias de aprendizagem ou habilidades de estudo independente. *O que se pode fazer? É preciso conhecer e ser, para transformar.*

Para modificar essa realidade é necessário empreender esforços simultâneos com alunos desde a Educação Básica até o Ensino Superior, e, ao mesmo tempo, realizar cursos de capacitação em serviço dos educadores atualmente em exercício para que possam desenvolver a consciência metacognitiva e a autorregulação. Quanto maior for o número de professores conscientes e autorregulados, maior a probabilidade de formação de estudantes autônomos, autorregulados e bem-sucedidos.

## Como fazer? Modelos de procedimentos com vistas à autorregulação

A literatura mostra que existem diversos modelos de autorregulação, porém o mais completo definiu a aprendizagem autorregulada como o nível em que os estudantes são "*metacognitivamente, motivacionalmente e comportamentalmente ativos e participantes em seus próprios processos de aprendizagem*". Esse modelo é cíclico, pois descreve a autorregulação em três fases: a *previsão*, o *desempenho* e a *autorreflexão*. Na *fase de previsão* ocorre o planejamento, o estabelecimento de objetivos e metas e a mobilização de recursos afetivo-motivacionais em função de crenças, expectativas, valores, sentimento de autoeficácia (O que fazer? Por quê? Como?). Na *etapa de desempenho*, por meio de recursos volitivos e motivacionais, os educandos se engajam em procedimentos e ações, utilizando estratégias de aprendizagem cognitivas e metacognitivas, tais como atenção focal, estruturação do ambiente, auto-observação, monitoramento (Eu quero, eu posso, eu vou fazer. Como estou fazendo? Como posso superar essa dificuldade?). Finalmente, na *fase de autorreflexão* eles se autoavaliam, por meio de processos autorreflexivos quanto à realização das metas e à eficácia das estratégias empregadas para a consecução dos objetivos visados (O que consegui? Por que consegui – *ou não consegui*? Como proceder para melhorar o meu desempenho?). O resultado pode ser a autossatisfação, pois não resolverão os problemas.

Esse modelo comporta ainda *três dimensões de autorregulação* em constante interação: a do próprio *comportamento* (Ex.: ações a empreender, estratégias a utilizar), a do *ambiente* (escolha e/ou arranjo do local) e a *interna* (sentimentos, motivação e volições). Do ponto de vista psicológico, alunos autorregulados, são confiantes e possuem um bom-senso de autoeficácia. Buscam o autoaperfeiçoamento por meio do esforço e da utilização de boas estratégias; não creem que um resultado acadêmico se deva a fatores incontroláveis como sorte, capacidade inata, entre outros, e não desistem diante de obstáculos; sabem lidar com o fracasso como um momento de análise e modificação de estratégias. Demonstram serem bons processadores da informação e reúnem as características afetivas, cognitivas, metacognitivas e motivacionais essenciais à aprendizagem autorregulada.

O processo autorregulatório ocorre em *quatro níveis subsequentes*. Os dois primeiros são predominantemente sociais, isto é, dependem da observação e da estimulação externa. Já os dois últimos têm como foco a autodireção, o autocontrole e, finalmente, a autorregulação. Um aspecto muito importante a ser considerado é, portanto, a necessidade de *feedback*: inicialmente na dependência de um "modelo" e/ou de um professor, e nos dois últimos níveis o estudante torna-se capaz de autoavaliar-se por meio de atividades reflexivas. *Daí a necessidade de professores autorregulados que possam ser bons "modelos" e capazes de fornecer as pistas e o feedback adequados a cada situação.*

Um pesquisador fez esta constatação: estudantes que receberam um treinamento em autorreflexão superaram os alunos não treinados regularmente e apresentaram crenças de autoeficácia específicas da tarefa mais realistas, antes de resolver problemas de matemática, e em seus julgamentos autoavaliativos após a resolução desses problemas. Este treinamento também aumentou a taxa de aprovação dos estudantes em um exame nacional em matemática, em 25%, em comparação com a dos estudantes do grupo controle. Também constatou que professores treinados para ensinar processos de autorreflexão produziram significativamente melhores desempenhos do que os instrutores convencionais.

## Sugestões práticas para o desenvolvimento da autorregulação

Nas disciplinas exatas pode-se propor aos estudantes: uma simulação a partir de uma situação-problema elaborada por eles, a construção de situação-problema que envolva a compreensão dos conceitos de física ou matemática e sua aplicação, o planejamento da ação, a utilização de estratégias de pensamentos e o monitoramento do próprio processo de resolução da tarefa. Essa atividade exige a utilização de estratégias de pensamento que permitam enunciar e resolver as situações-problema (emprego de heurísticos, em especial de tipo *análise meio/fins*, a *busca de problemas análogos, aproximação sucessiva* e outras para que possam formular/testar hipóteses com o uso de solução algébrica) com o apoio do professor. Para a avaliação podem ser utilizados registros dos alunos das atividades no grupo e critérios objetivos de avaliação, além da autoavaliação feita individualmente e pelo grupo.

No Ensino Fundamental as estratégias devem ser ensinadas de acordo com a escolaridade, em todos os componentes curriculares. Assim, podem ser ensinadas estratégias para a compreensão leitora antes, durante e depois de ler; em escrita, as estratégias podem ser para o planejamento do texto, a escrita propriamente dita e a revisão. Além disso, desde o início da escolarização é fundamental desenvolver crenças positivas a respeito da inteligência, a autoestima e a autoeficácia, as orientações motivacionais e metas, atribuições de causalidade adequadas, assegurar a compreensão da informação, proporcionar *feedback* e possibilitar uma autoavaliação contínua por parte dos alunos em relação a seus resultados. Deverão também ser trabalhados o gerenciamento do tempo, a organização do ambiente de estudo, as estratégias metacognitivas para antes, durante e depois de estudar. Alguns autores afirmam ser possível desenvolver competências autorregulatórias na Educação Infantil, a partir dos 5 anos.

As variáveis motivacionais afetam a regulação de estratégias cognitivas e metacognitivas e existem estudos mostrando que os alunos também podem regular sua motivação e afetos, da mesma forma como podem regular suas cognições, seus comportamentos e o próprio ambiente. Entre as estratégias de regulação motivacional podem ser mencionadas: evocar o valor, o significado e a utilidade de uma tarefa, lembrar-se de experiências anteriores de sucesso em atividades semelhantes, entre outras.

Para a promoção da aprendizagem autorregulada dos estudantes, são necessários professores conscientes, autorregulados e capacitados para desenvolverem a autorregulação desde os primeiros anos do Ensino Fundamental e em todas as disciplinas do currículo, num trabalho continuado e em longo prazo. Pesquisas demonstram sucesso nas intervenções em cursos de formação de professores e em cursos de capacitação de docentes em exercício. *Estudos de caso* e *questões reflexivas* baseadas em situações vivenciais podem ser trabalhados individualmente ou em grupos em três fases: a) "O quê? "; b) "E então?"; c) "E agora?"; "O que é necessário ser feito?" O *coaching* pode ser utilizado na fase de estágio e pressupõe um período de instrução, seguido de um acompanhamento da prática docente em sala de aula. Desenvolve a autorreflexão e a autorregulação, além de ser útil na aprendizagem do enfrentamento de problemas ou situações não previstas. O êxito dessa prática depende da utilização do *feedback* mais adequado em cada caso pois poderá afetar tanto a aprendizagem como a motivação para as ações subsequentes de aprendizagem. O *feedback*, mesmo quando negativo, não afetará a motivação, se o estudante receber informações para que compreenda as causas do seu insucesso como passíveis de serem modificadas, por exemplo fracassei porque não usei uma estratégia de estudo e aprendizagem adequada. Assim, fica claro para o aluno que o tipo de estratégia antes utilizada poderá ser substituído por outra.

Durante o período de formação e/ou capacitação é necessário que os alunos vivenciem atividades autorreflexivas. Será possível, então, que se sintam mais propensos e capacitados a desenvolverem as habilidades autorregulatórias de seus alunos fomentando, assim, um círculo virtuoso de aprendizagem. Além de aumentarem o autoconhecimento, e a consciência metacognitiva, aprenderão o monitoramento e a autoavaliação e terão maior consciência acerca das próprias decisões; aumentarão sua motivação e ganharão em sentimento de autoeficácia. Dessa forma, poderão contribuir para a aprendizagem escolar, para o seu próprio desenvolvimento pessoal e profissional, assim como para avaliar os seus processos de planejamento, organização e controle.

Há que se investir esforços em direção ao fortalecimento dos processos autorregulatórios de professores e alunos. No caso de alunos que precisem ser atendidos por um psicopedagogo, essas sugestões de intervenção podem ser de extrema valia. Desenvolver a consciência metacognitiva é um caminho muito promissor para a melhoria da aprendizagem e deve ser percorrido, desde o início da escolarização formal, de formal gradual e crescente, aumentando seu fomento à medida que se avança nos anos escolares. Formar professores metacognitivos, estratégicos e autorregulados, certamente, potencializará essas ações.

## Fontes consultadas

Boruchovitch, E., & Gomes, M. A. M. (orgs.). (2019). *Aprendizagem autorregulada: como promovê-la no contexto educativo?* Petrópolis: Vozes.

Bzuneck, J. A. (2009). A motivação do aluno: Aspectos introdutórios. In E. Boruchovitch, & J. A. Bzuneck (orgs.). *Motivação do aluno: Contribuições da psicologia contemporânea* (pp. 9-36). Petrópolis: Vozes, 4ª edição.

Frison, L. M. L., & Veiga Simão, A. M. (2011). Abordagem (auto)biográfica – Narrativas de formação e de autorregulação da aprendizagem reveladas em portfólios reflexivos. *Educação* (Porto Alegre), *34*(2), 198-206.

Gomes, M. A. M., & Boruchovitch, E. (2005). Desempenho no jogo, estratégias de aprendizagem e compreensão em leitura. *Psicologia: Teoria e Pesquisa, 21*(3), 319-326.

Veiga Simão, A. M. (2004). Integrar os princípios da aprendizagem estratégica no processo formativo dos professores. In A. Lopes da Silva, A. M. Duarte, I. Sá,

& A. M. Veiga Simão. *Aprendizagem autorregulada pelo estudante – Perspectivas psicológicas e educacionais.* Porto: Porto Ed. Coleção Ciências da Educação Século XXI.

Zimmerman, B. J. (2013). From Cognitive Modeling to Self-Regulation: A Social Cognitive Career Path. *Educational Psychologist.* doi: 10.1080/00461520.2013.794676

# 8 Educação inclusiva em Portugal

## Inspirações para o atendimento psicopedagógico

*Luzia Lima-Rodrigues*
*Maria Odete Emygdio da Silva*
*David Rodrigues*

## Introdução

Escrevemos este capítulo em agosto de 2020, numa circunstância singular da vida no planeta. Estamos em plena pandemia causada pelo novo Coronavírus, o SARS-coV-2, que já ultrapassa as 780.000 mortes e os 22 milhões de infetados em todo o mundo. É impossível não deixar registado que este texto emerge cheio de incertezas sobre o futuro da escola e da educação, tal como as conhecemos. Não sabemos quanto tempo mais de confinamento e distanciamento social nos espera. Não sabemos por quanto tempo ainda teremos um "ensino remoto de emergência" ou se a "aprendizagem *on-line*" virá para ficar, total ou parcialmente. Mas sabemos, infelizmente, que a desigualdade entre os estudantes de todo o mundo aumentou exponencialmente. Os mais favorecidos continuaram a evoluir na sua escolarização. Uma evolução que ocorreu de forma mais ou menos branda ou que, na pior das hipóteses, manteve-se como estava. Mas para aqueles que mais precisavam da escola – os alunos de meios menos favorecidos, com maiores dificuldades de aprendizagem, em maior risco de exclusão, marginalização ou insucesso – para eles, principalmente, levará mais tempo até saírem da desvantagem ainda maior para onde foram atirados. É sobretudo para alguns deles que esperamos que este texto possa, um dia, trazer alguma contribuição.

## 1 Educação e inclusão em Portugal

Em Portugal – o nosso lugar de fala – a educação tem evoluído gradativamente desde a Revolução dos Cravos e o fim da ditadura de Salazar, em 1974, mesmo com os abanões sofridos pelas severas crises econômicas dos últimos 46 anos. Segundo o *Programme for International Student Assessment* – Pisa, que avalia se os alunos de 15 anos estão preparados para enfrentarem os desafios da vida quotidiana, Portugal é dos poucos países que apresentam uma trajetória de constante melhoria, estando acima da média dos 35 países da Ocde nos 3 âmbitos da avaliação: leitura, matemática e ciências (Iave, 2018). Por aqui há notícias muito boas: as escolas públicas e privadas funcionam em período integral, 87,5% do total de alunos do ensino básico estão matriculados em escolas públicas, a formação inicial de professores acontece no mestrado, a formação contínua de professores é monitorizada por um Conselho Científico-pedagógico, as especialidades da função docente exigem vários anos de docência e formação pós-graduada. As más notícias, entretanto, existem, persistem e não são poucas. A luta pela diminuição da desigualdade é uma constante, e os olhos têm de estar ainda mais abertos quando se trata da defesa dos direitos dos estudantes negros, com deficiência, mulheres e/ou de provenientes de uma situação socioeconômica mais baixa.

Passando para o campo mais específico da educação inclusiva, 99% dos alunos com deficiência ou necessidades específicas frequentam as escolas regulares. Destes, 87% estão em escolas públicas, 13% em escolas privadas e apenas 1% em instituições de educação especial (DGEEC, 2018). Atualmente, com a publicação do Decreto-lei 54/2018, que estabelece o regime jurídico da educação inclusiva (Portugal, 2018), desaparecem por completo as categorias de alunos (incluindo as necessidades educacionais especiais), passando o enfoque para as respostas educativas e para as acomodações que a escola pode fazer para que todos os alunos aprendam. As indicações presentes nos documentos que apoiam as práticas educativas abandonam a ideia de que há formas específicas de atendimento para alunos especiais e assumem que a complexidade dos ambientes e das interações nas quais a aprendizagem acontece – ou não – deve ser encarada no contexto de cada escola, se quisermos que cada aluno atinja o máximo as suas potencialidades, independentemente da origem das suas dificuldades (ME/DGE, 2018).

E a psicopedagogia? Cabe dizer que, em Portugal, a psicopedagogia é majoritariamente exercida pelos docentes de Educação Especial. No entanto, ela está muito presente na formação dos professores e é transversal à formação do docente de Educação Especial – o principal articulador da inclusão nas escolas. Este docente de Educação Especial é um professor tanto quanto o professor de História, de Educação Física, de Matemática..., mas com a peculiaridade de ser um especialista na sua área. Assim, para prestar um concurso para docente de Educação Especial, são necessários cerca de 11 anos entre formação e experiência. Fazendo as contas, são: 3 anos de licenciatura + 2 anos de mestrado (para tornar-se professor) + 5 anos de experiência docente comprovada + 1 curso de pós-graduação em Educação Especial. São professores com uma formação psicopedagógica altamente especializada e cujo papel é não só intervir apoiar os alunos diretamente, quando preciso, mas fazer parte ativa da Emaei – Equipe Multidisciplinar de Apoio à Educação Inclusiva. Esta equipe constitui-se num "recurso organizacional específico de apoio à aprendizagem, tendo em vista uma leitura alargada, integrada e participada de todos os intervenientes no processo educativo" e que, em tempos de confinamento, "assume também agora um papel fundamental na construção de uma escola que tem de funcionar a distância, mas que se quer próxima, humana e com o sentido de urgência e sensibilidade que o processo de adaptação aos tempos que todos vivemos requer" (Portugal, 2020, p. 1). As orientadoras para a sua atuação em EaD estão divididas em 4 eixos prioritários:

Eixo 1 – Apoio aos docentes e técnicos da comunidade educativa.

Eixo 2 – Continuidade da implementação/identificação das medidas de suporte à aprendizagem e à inclusão definidas ou a definir nos planos individuais de cada aluno.

Eixo 3 – Apoio às famílias no contexto da modalidade de EaD.

Eixo 4 – Articulação com diversos serviços da comunidade (Portugal, 2020).

O atendimento psicopedagógico dado pelo docente de Educação Especial, neste sentido, tem uma abrangência que vai para além dos muros da escola, chegando mesmo à articulação com os serviços prestados na comunidade e em âmbitos que envolvem a saúde, a segurança social, o desporto, o lazer e, neste momento, inclui mesmo ações inesperadas causadas pela necessidade de distanciamento social.

Por fim, passando agora para a nossa prática como docentes universitários, observamos que a maioria dos professores em formação inicial, contínua ou pós-graduada teve colegas com deficiência em algum período da sua escolarização. Além disso, com a obrigatoriedade da escolarização até o 12º ano, a presença de alunos com deficiência tem aumentado também no Ensino Superior. Estes dois fatores têm um impacto positivo nas atitudes face à deficiência e constituem uma espécie de "atalho" quando se trata da formação de professores para uma prática educativa mais inclusiva, equitativa e justa, uma vez que a maioria passou pela própria escolarização em ambientes inclusivos ou, em alguns casos, experienciou "a inclusão" na própria pele (por terem eles próprios uma deficiência). Ora, se a inclusão implica a presença, a participação e a aprendizagem de todos e de cada aluno, pelo menos no quesito "presença" Portugal tem respondido positivamente. Afinal, não é possível melhorar a participação e a aprendizagem de um aluno, se ele não estiver presente na escola. Sem dúvida, a presença é fundamental e não deve ser menosprezada, mas é preciso ir mais além. Há que lembrar que matricular um aluno na escola é "convidá-lo para a festa, mas incluir é tirá-lo para dançar".

## 2 O que não é educação inclusiva?

### 2.1 A educação inclusiva não é uma questão de tudo ou nada

A educação inclusiva não é uma questão exclusiva de conceitos ou atitudes, nem exclusivo de políticas públicas ou de práticas de sala de aula. É, antes, um valor e, como tal, envolve toda a complexidade de fatores decorrentes deste valor. Também não é uma medida estática e encerrada no tempo. Por isso, um dos princípios da educação inclusiva é que ela é um processo. Não há uma escola totalmente inclusiva, assim como não há uma educação inclusiva pronta, terminada. Assumir que a educação inclusiva está sempre em construção fez com que alguns dos mais recentes documentos internacionais ajudassem os países a pensarem nos seus "níveis" de inclusão. Por exemplo, o *Manual para garantir da inclusão e equidade na educação*, recentemente traduzido para o português (Unesco, 2019), analisa as políticas de inclusão e equidade nas dimensões "conceitos", "diretrizes políticas", "estruturas e sistemas" e "práticas". Em cada dimensão, o manual refere 4 áreas a serem analisadas, e dentro delas os níveis podem variar desde, por exemplo, um nível inicial onde há preocupação com uma determinada questão mas não foram ainda feitos planeamentos ou tomadas medidas claras a este respeito; um nível intermediário, onde há planeamento para a melhoria, mas as medidas ainda não são claras ou consistentes, até o nível em que foram tomadas medidas consistentes e abrangentes o suficiente para tentar garantir a inclusão e a equidade na educação.

Nem tudo nem nada; a educação inclusiva é um processo constante de combate às mais variadas formas de discriminação, incluindo as "novas" e sutis formas de exclusão que aparecem todos os dias diante dos nossos olhos, mas que nem sempre as conseguimos ver.

### 2.2 A educação inclusiva não floresce em escolas que não mudaram nada

Uma educação inclusiva não se faz sem flexibilidade curricular ou sem diferenciação pedagógica. Durante muito tempo pensou-se que seria possível tornar a Educação mais inclusiva mantendo a escola como e onde ela estava, tentando-se "consertar" os alunos com mais dificuldades, como se eles estivessem a ser educados numa clínica ou num laboratório. Na perspectiva da educação inclusiva, a escola é quem tem que se mexer! Tem que ir buscar o aluno onde ele está, onde ele é capaz, onde ele se realiza e partir deste "lugar" para acompanhá-lo até onde ele precisa e pode chegar (Rodrigues, 2016). Temos visto muitos exemplos de como a escola tem mudado para abarcar as singularidades dos alunos, caminhando na contramão dos métodos expositivos. O crescimento da "inovação" pedagógica, como temos visto, está refletida em avanços que não estão só ligados às tecnologias, mas às diversas metodologias ativas e cooperativas de aprendizagem e da reorganização da escola em seus multifacetados espaços de aprendizagem (Lima-Rodrigues, 2018). Com a pandemia, as melhores experiências de "ensino remoto de emergência" têm sido aquelas que unem a tecnologia aos métodos ativos e cooperativos, ou seja, quando os alunos podem aceder quando e quantas vezes quiserem aos conteúdos gravados, por um lado e, por outro, quando os momentos síncronos são destinados ao diálogo, ao debate, ao trabalho em equipes, aos desafios e toda a panóplia de alternativas para a consolidação das aprendizagens.

### 2.3 A educação inclusiva não é uma clínica

Nem acontece numa clínica, nem segue uma abordagem clínica. Na educação inclusiva, a escola é um espaço de aprendizagem social, grupal, com o outro, onde não há nem se espera ter um professor para cada aluno com dificuldade. Nenhum país do mundo o tem! O que se espera é que os apoios sejam individualizados; ou seja, personalizados, pensados à medida para cada aluno, e realizados em grupo. Neste sentido, vale a pena mencionar o DUA – Desenho Universal para a Aprendizagem –, um modelo de planeamento educacional que mostra como é possível que cada o aluno tenha acesso ao currículo, em conjunto e individualizadamente. Inspirado no conceito de "*design* universal" vindo da arquitetura, o DUA parte do princípio que os cérebros individuais recebem e processam informações de maneira muito diferente e, por isso, o currículo deve ser pensado de modo tão abrangente que permita acomodar todas essas diferenças. De acordo com os princípios básicos do DUA, os produtos e serviços devem ser flexíveis a fim de serem utilizáveis por uma "banda larga" de aluno. Como resultado, os alunos não precisam se adaptar ao currículo porque o currículo pode acomodar as suas diferenças individuais (Cast, 2018).

## 2.4  A educação inclusiva não é uma "técnica"

Pode parecer frustrante, mas não há receitas de técnicas que sirvam para determinados tipos de alunos. A educação inclusiva é um processo de construção de complexos e diversificados meios interação entre o aluno e as outras pessoas e entre o aluno e o objeto de aprendizagem, de forma a considerar e valorizar as suas motivações, as suas áreas fortes de competência, o seu estilo de aprendizagem e a maneira como ele melhor demonstra o que sabe e o que aprendeu (Lima-Rodrigues, 2016). As metodologias, as técnicas, as estratégias existem para servirem de pistas para o atendimento a um determinado aluno – mas o ponto de partida é a funcionalidade presente do aluno, e não a técnica. É preciso tomar cuidado porque a especialização numa técnica pode nos levar à tentação de querer utilizá-la com qualquer aluno – na inclusão, este não é e não pode ser o caso...

## 2.5  Educação inclusiva não é um sistema paralelo

Pelo contrário! A educação inclusiva encontra-se profundamente entrelaçada com os valores e as práticas da escola regular. A inclusão não pode constituir um mundo "à parte", mas tem que se desenvolver "no chão da escola". O princípio da interferência mínima, por exemplo, é fundamental para o desenvolvimento da autonomia nos alunos, caso contrário, terão dificuldade para trilhar os seus próprios caminhos. Tanto o diagnóstico quanto o atendimento são tão evolutivos quanto as próprias pessoas. Por isso, mesmo o apoio deve ser o mais intermitente possível – ou seja, deve ser dado apenas quando necessário. Além disso, há que considerar que a maioria das dificuldades apresentadas pelos alunos é leve, se compararmos com os raros casos de comprometimentos muito graves. Em outras palavras, é muito mais provável encontrarmos alunos com Trissomia 21 (Síndrome de Down) que são alfabetizados e que chegam à vida adulta com uma grande independência do que o contrário – e a exceção não pode fazer a regra. Para as exceções têm que haver sim atendimentos constantes e tão mais específicos quanto maior for a necessidade de apoio. Mesmo assim, está mais que comprovado que até os casos mais graves têm a sua evolução se contarem com ações psicopedagógicas coerentes e de vários intervenientes, na estrita medida do que é preciso e pelo tempo necessário (Luckasson et al., 2002).

## 2.6 A educação inclusiva não é responsabilidade "de um" professor

Justamente porque a aprendizagem depende de múltiplos fatores, é impossível que a complexidade do que está envolvido nos processos de avaliar e atender repousem apenas sobre uma pessoa. Um processo de inclusão depende de diversos olhares, incluindo professores, técnicos, outros profissionais e, sem dúvida, a família. Nesse sentido, como se diz popularmente, um aluno não é "de um" professor, mas de toda a comunidade educativa. Como Silva muito bem afirma,

> [...] a colaboração entre os diversos atores que intervêm no espaço educativo, as atitudes relativamente à inovação e a capacidade para dar resposta aos diferentes problemas, a intervenção dos professores de Educação Especial e/ou de outros técnicos, em cooperação com os professores do Ensino Regular, bem como com a família dos alunos, o apoio dos órgãos diretivos, e a formação contínua dos professores, são fatores facilitadores da inclusão, que a investigação comprovou serem particularmente relevantes (2019, p. 51).

Neste sentido, concordamos que para tornar uma educação mais inclusiva é preciso haver "uma abordagem para toda a escola" ("The Whole School Approach"), que significa:

> atender às necessidades dos alunos, funcionários e da comunidade em geral, não apenas dentro do currículo, mas em toda a escola e ambiente de aprendizagem. Implica ação coletiva e colaborativa dentro e

por uma comunidade escolar para melhorar a aprendizagem, o comportamento e o bem-estar dos alunos e as condições que os apoiam (UNESCO/International Bureau of Education, 2013).

Quando um professor enfrenta uma dificuldade com um aluno, esta dificuldade não é "do professor", mas de toda a comunidade educativa. É claro que o professor tem a responsabilidade maior sobre a aprendizagem deste aluno, mas, se algo não vai bem – e depois de esgotadas todas as possibilidades de atuação deste professor – é preciso avançar para ações coletivas que ajudem o aluno a avançar nas suas aprendizagens e que ajudem também o professor a refletir e a modificar o seu ensino.

## 3 Inspirações da educação inclusiva para a prática psicopedagógica

### 3.1 O atendimento psicopedagógico é um processo

O atendimento psicopedagógico deve levar sempre em conta que a inclusão – entendida como a garantia da aprendizagem de todos os alunos – não é um processo finito ou acabado. Como já afirmamos, não há escolas totalmente "inclusivas", muito menos alunos "de inclusão", mas sim processos vários que visam alterar os contextos e apoiar as pessoas para que a aprendizagem e o desenvolvimento integral de cada aluno aconteçam. Para isso é preciso levar em consideração quais são os fatores educativos que nos podem aproximar mais da inclusão, como, por exemplo, o apoio que as famílias podem prestar, as atitudes e práticas docentes que possam favorecer um olhar mais personalizado, a possibilidade de adaptação de materiais pedagógicos, a rentabilização de recursos existentes na comunidade etc. O atendimento psicopedagógico é, assim, um processo que ocorre dentro de outros processos. Ele tem início e fim enquanto o processo de desenvolvimento do aluno está em andamento, enquanto a família e o contexto comunitário, onde o aluno participa, estão em curso, enquanto a própria escola, os seus professores e o seu projeto político-pedagógico estão em alteração. Daí ser tão necessário conhecer os passados (do aluno, da escola, da comunidade educativa...) para se antever linhas de desenvolvimento futuro. Da mesma maneira que há diferentes níveis de inclusão em múltiplas dimensões, o atendimento psicopedagógico também tem, diríamos, "níveis de impacto" diferentes conforme o lugar e o momento onde a intervenção está a ser realizada. A ação do psicopedagogo pode ter um resultado dentro da equipe multidisciplinar que apoia a aprendizagem dos alunos na escola, outro resultado quando trabalha com o professor de sala de aula, e outro ainda quando está em interação com a família. Não é uma questão de tudo ou nada, como na inclusão, mas um pouco mais aqui, um pouco menos acolá.

### 3.2 O atendimento psicopedagógico é inovador

*Loucura é querer resultados diferentes fazendo tudo exatamente igual.*
Albert Einstein

A inclusão é um rompimento com o paradigma da escola tradicional, para fazer uma educação diferente e alcançar resultados também diferentes.

É por isso que o psicopedagogo tem um papel fundamental no apoio ao desenvolvimento de práticas inovadoras e de diferenciação pedagógica, que tornem a aprendizagem acessível a todos os alunos, considerando as suas singularidades de culturas, capacidades, interesses, ritmos ou estilos de aprendizagem. O *Questionário Vark – Visual, Aural, Read/Write, Kinesthetic – a guide to learning preferences* (Vark, 2020), por exemplo, foi criado para apoiar a aprendizagem, sugerindo estratégias que podem ser utilizadas dependendo da preferência de cada um:

- Visual: pessoa com uma forte preferência por aprender com diferentes formatos, espaços, gráficos, cartões, diagramas, mapas, planos...
- Auditivo: pessoa com uma forte preferência por aprender com discussões, debates, histórias, palestrantes, bate-papo...
- Leitura/escrita: pessoa com uma forte preferência por aprender com listas, anotações, textos em todos os formatos, impressos ou *on-line*.
- Cinestésico: pessoa com uma forte preferência por aprender com os sentidos, com exercícios práticos, exemplos, casos, tentativa e erro...

Se o atendimento psicopedagógico ajudar a escola a se manter onde está e tentar "consertar" o aluno (tentar com que seja o aluno a se adaptar à escola), não será preciso nenhuma bola de cristal para adivinhar que o método prevalente continuará a ser expositivo, que os alunos que não aprendem reprovem que as avaliações sejam pensadas para "o aluno médio" e assim por diante. Pelo contrário, se a ação do psicopedagogo estiver direcionada para o apoio à mudança da escola e de suas metodologias, procurando apoiar pedagogias inovadoras de ensino, levando em conta os estilos de aprendizagem e as características individuais dos alunos, aí sim, será mais provável que cada aluno alcance "o seu" melhor patamar de desenvolvimento e/ou de aprendizagem (Lima-Rodrigues, 2014). Numa boa prática psicopedagógica, desde o apoio à flexibilidade curricular da escola até a apresentação do conteúdo em mais de uma modalidade de comunicação, ajuda a "ir buscar o aluno onde ele está", para acompanhá-lo em todo o seu desenvolvimento.

### 3.3 O atendimento psicopedagógico é educacional

Ainda que o trabalho do psicopedagogo seja mais frequentemente desenvolvido em psicopedagia clínica e menos em psicopedagia institucional, devemos ter em conta que educar um aluno não é a mesma coisa que tratar de uma doença. "Tratar" necessita de um diagnóstico e de uma prescrição minimamente fechados (ainda que a saúde não seja uma ciência exata). Educar é outra coisa! A educação, neste caso, a escolarização, acontece sempre em contextos sociais e não clínicos, em envolvimentos múltiplos, diversos e heterogêneos. O atendimento psicopedagógico, ainda que seja o que acontece em clínica, deve considerar que a escolarização do aluno se dá é na escola. Pode parecer absurdo, mas nem sempre isto é claro: há práticas psicopedagógicas que ainda "tratam" do aluno como se fosse possível selecionar um pedaço do seu aprender, modelar este pedaço como se fosse um bocado de argila, e esperar que o que se passa com o aluno na escola também fique "modelado". Mas "aula particular" e "atendimento psicopedagógico" são processos bastante diferentes. Um, esclarece, reforça e consolida aprendizagens; outro, age no âmbito da escola, da comunidade, da família e do aluno para que a aprendizagem aconteça. Retirar o aluno do seu grupo de pertença para lhe dar atendimento tem que ser uma exceção – outro princípio da inclusão!

### 3.4 O atendimento psicopedagógico é relacional

Todo processo educativo deve ser concebido em interação. Esta é uma das forças condutoras da inclusão: a aprendizagem e a interação humanas são, por si próprias, um recurso educacional.

Durante o século passado, desenvolveram-se, sobretudo nos Estados Unidos, modelos de atendimento chamados de "diagnóstico-prescrição". Estes modelos privilegiavam um determinado diagnóstico, sabendo que (à semelhança dos processos médicos) haveria um atendimento adequado para este diagnóstico. Não ignoramos que, em algumas circunstâncias, o conhecimento da patologia do aluno nos pode ajudar no delineamento de estratégias de atendimento psicopedagógico, mas sabemos, hoje, que não há técnicas ou intervenções específicas e únicas para alunos que têm o mesmo tipo de dificuldade ou deficiência. Por exemplo, não existe um método para ensinar crianças com Síndrome de Down aprender a ler, mas sim uma multiplicidade de adaptações e de intervenções possíveis que se vão progressivamente delineando, até que este ou outro aluno qualquer aprenda. Desta forma, o atendimento psicopedagógico deve valorizar não só aquilo que o aluno pode realizar em interação com os outros, mas também se mantém aberto para ir se adequando a ação à evolução de cada aluno, sem a preocupação de seguir modelos fechados, por muito bem sistematizados que eles possam parecer.

### 3.5 O atendimento psicopedagógico também é preventivo

O atendimento psicopedagógico deve contemplar não só o trabalho individualizado e em pequenos grupos, mas também deve poder constituir um recurso para apoiar que o professor de ensino regular poder incluir, na sua aula, todos os alunos. Frequentemente é necessária e útil a participação do psicopedagogo no contexto da escola e, algumas vezes, até mesmo em sala de aula. Esta atuação deve partir de um acordo de entreajuda entre o psicopedagogo e o professor do ensino regular e poderá contribuir, por exemplo, para que sejam desenvolvidas, na sala de aula, metodologias que, sem a presença de dois profissionais, teriam mais dificuldade de se realizar. Por exemplo, a aprendizagem multinível, significando a elaboração de propostas diversificadas para grupos de alunos que se encontrem em estágios diferentes da aprendizagem. Um outro exemplo seria no acompanhamento de trabalhos de projeto, em que tanto o professor como o psicopedagogo podem supervisionar o desenvolvimento de projetos que os alunos desenvolvem em grupo, apoiando discretamente os alunos que têm maiores dificuldades.

Este tipo de ação é fundamental, sobretudo porque incide não exclusivamente sobre o atendimento a dificuldades preexistentes, mas assume o caráter preventivo da psicopedagogia, quando a atuação procura antecipar as dificuldades que podem vir a acontecer. É fundamental também porque o atendimento direto ao aluno é dado na medida do exclusivamente necessário e, assim, assume-se como intermitente: acontece num momento ou por uma circunstância específicos, sem criar no aluno uma dependência negativa do apoio. Chamamos de "dependência negativa" quando o aluno recorre ao psicopedagogo mesmo quando já tem autonomia para avançar sozinho na sua aprendizagem, mesmo quando consegue realizar as tarefas escolares com uma independência mesmo que relativa ou quando pode se desenvolver com a ajuda dos colegas ou de outros intervenientes não especializados. Em suma, deixar de dar apoio quando este não é necessário, também é uma forma de apoiar!

### 3.6 O atendimento psicopedagógico é coletivo

A importância do trabalho colaborativo é fundamental para um atendimento psicopedagógico bem-sucedido. Assim como na inclusão, o problema com um aluno não é "exclusivamente do professor", no atendimento psicopedagógico o "cliente" também não deveria ser exclusivamente "do" psicopedagogo. O atendimento com alunos com dificuldade de aprendizagem e/ou condições de deficiência implica um trabalho de intercâmbio e entreajuda entre uma equipe multidisciplinar de profissionais, a família, outras pessoas da comunidade educativa ou até do entorno onde o aluno vive e que podem, de alguma maneira, contribuir para o seu desenvolvimento (Silva, 2019). Neste intercâmbio, é importante que as intervenções mais específicas (p. ex., fonoaudiologia, intervenção ABA, psicomotricidade etc.) sejam partilhadas para que a sua própria eficácia possa aumentar. As intervenções do estilo "caixa negra", desenvolvidas como se fossem secretas e exclusivamente utilizadas por um profissional altamente qualificado para tal, nem sempre ajudam o processo educacional do aluno e da sua aprendizagem em contexto. É muito importante que se desenvolva um ambiente de confiança em que todos deverão estar primordialmente preocupados com o progresso dos seus alunos, e não com a defesa dos seus domínios profissionais. O papel do psicopedagogo, neste âmbito, é o de facilitador da comunicação entre todos os que estiverem comprometidos com a educação e a aprendizagem de cada aluno. Este é uma importante inspiração que a educação inclusiva traz para a o sucesso da prática psicopedagógica: o trabalho colaborativo não é "importante" – é "inevitável".

## Reflexões finais

Ao longo deste capítulo procuramos apresentar um breve cenário da educação e da educação inclusiva em Portugal, para situar qual é o nosso lugar de fala. Depois destacamos o que não é a educação inclusiva na intenção de deixar claro "de que estamos falando, quando falamos de inclusão". Por fim, apresentamos algumas inspirações que a educação inclusiva pode trazer para o campo de atuação da psicopedagogia. Neste sentido, fica evidente que o atendimento psicopedagógico:

- é um processo complexo e, como tal, tem níveis diferentes de resultados, nas suas diversas frentes de atuação;
- está ligado à inovação, não só em termos de utilização de tecnologias, mas principalmente no apoio à adoção de metodologias ativas e cooperativas de ensino;
- deve ter em conta que a escolarização dos alunos acontece na escola e que, por isso, deve procurar ao máximo intervir no e sobre o contexto escolar – ambiente natural onde se dá a aprendizagem;
- é da relação interpessoal que emergem as metodologias, as técnicas, as estratégias a utilizar, pois não há tipos de técnicas pré-formatadas para determinados tipos de alunos;
- deve assumir um caráter também preventivo e, por isso mesmo, deve acontecer exclusivamente na medida necessária (nunca menos, nem mais); e, por fim,
- deve envolver todas as pessoas significativas para o desenvolvimento e a aprendizagem dos alunos.

Como ficou evidente, procuramos não falar das situações específicas vividas neste momento de pandemia e confinamento, porque temos a forte esperança de que este seja um momento passageiro em que as respostas educativas são – e têm que ser – emergenciais. Esperamos, isto sim, que ao superarmos este momento de incertezas, a psicopedagogia assuma o seu papel primordial: o de ajudar a combater a marginalização, a exclusão, o insucesso e toda e qualquer forma de discriminação que aumente a desigualdade entre os alunos. Só assim, a psicopedagogia estará assumindo o seu compromisso maior, que é o de promover a aprendizagem de cada aluno, diminuindo não deixando nenhum para trás.

# Referências bibliográficas

Cast (2018). *Universal Design for Learning Guidelines*, version 2.2. Obtido em agosto de 2020, de http://udlguidelines.cast.org

Dgeec (2018). *Necessidades especiais de educação 2017/2018 – Breve síntese de resultados*. Obtido em agosto de 2020, de https://www.Dgeec.Mec.Pt/Np4/224/%7b$Clientservletpath%7d/?Newsid=334&Filename=Dgeec_Dsee_Deebs_2018_Nee1718_Brevesinte.pdf

Iave (2018). *Pisa 2018 – Portugal*. Relatório nacional. Obtido em agosto de 2020, de http://Iave.Pt/Images/Ficheirospdf/Estudos_Internacionais/Pisa/Resultados2018/Relatorio_Nacional_Pisa2018_Iave.pdf

Lima-Rodrigues, L. (2014). Com todo o prazer! As actividades expressivas na educação das crianças. In G. Oliveira, L. Fini, E. E. Boruchovitch, & R. Brenelli (orgs.). *Educar crianças, grandes desafios: como enfrentar?* Petrópolis: Vozes.

Lima-Rodrigues, L. (2018). Inovação pedagógica: caminhos para uma educação para todos e para cada um. *Diversa – Educação inclusiva na prática*. Obtido em agosto de 2020, de https://diversa.org.br/artigos/inovacao-pedagogica-caminhos-para-uma-educacao-para-todos-e-para-cada-um/

Lima-Rodrigues, L., Santos, G., & Trindade, A. (2016). Pedagogias Expressivas. In Educação inclusiva. *Jorsen –Journal Of Research In Special Educational Needs*, *16*, supplement 1, 813-817. Obtido em agosto de 2020 de https://onlinelibrary.wiley.com/doi/full/10.1111/1471-3802.12362

Luckasson, R., Borthwick-Duffy, S., Buntinx, W. H. E., Coulter, D. L., Craig, E. M. (P.), Reeve, A., Schalock, R. L., Snell, M. E., Spitalnik, D. M., Spreat, S., Tassé, M. J., & The Aamr Ad Hoc Committee On Terminology And Classification (2002). *Mental Retardation: Definition, Classification, and Systems Of Supports*. American Association on Mental Retardation, 10 edição.

Me/Dge. (2018). *Para uma educação inclusiva: manual de apoio à prática*. Obtido em agosto de 2020, de https://www.dge.mec.pt/sites/default/files/eespecial/manual_de_apoio_a_pratica.pdf

Portugal (2018). Decreto-lei n. 54/2018, de 6 de julho de 2018. Estabelece o regime jurídico da educação inclusiva. *Diário da República*, 1ª série, n. 129.

Portugal (2020). *Orientações para o trabalho das equipes multidisciplinares de apoio à educação inclusiva na modalidade EaD*. Obtido em agosto de 2020 de https://www.Portugal.gov.Pt/download-ficheiros/ficheiro.aspx?v=D1fdb818-49bb-452b-A2a9-D20bf730d568

Rodrigues, D. (2016). *Direitos humanos e inclusão*. Porto: Profedições.

Silva, M. O. D. (2019). *Gestão das aprendizagens na sala de aula inclusiva*. Lisboa: Ed. Universitárias Lusófonas, 2ª edição. Obtido em agosto de 2020 de http://www.ceied.ulusofona.pt/pt/download/gestao-das-aprendizagens-na-sala-de-aula-inclusiva-2a-edicao/

Unesco/International Bureau of Education (2013). *Glossary of Curriculum Terminology*. Obtido em agosto de 2020 de http://www.ibe.unesco.org/en/document/glossary-curriculum-terminology

*Vark: Visual, Aural, Read/Write, Kinesthetic – a guide to learning preferences.* Obtido em agosto de 2020 de https://vark-learn.com/home-portuguese/

# 9 As aprendizagens no Ensino Superior facilitadas por alunos tutores no Ensino Superior

## Uma experiência de tutoria entre pares

*Cláudia Castro*

Pensar nas práticas psicopedagógicas torna-se cada vez mais pertinente e necessária em relação ao ensino universitário.

O chamado Espaço Europeu de Ensino Superior (Eees) tem passado por uma profunda mudança estrutural nas universidades desde a implantação da Declaração de Bolonha (1999). Novos paradigmas, constructos e a consolidação do papel do Ensino Superior cabem às universidades, cumprindo com metas indispensáveis que envolvam, de forma interrelacionada, a investigação e o desenvolvimento científico sem esquecer, como alerta Azevedo (2012), a perspectiva pedagógica e sociocultural fundamentada pela reconhecida tradição humanística europeia.

Dentro deste contexto, as aprendizagens no Eees devem estar propensas para as mudanças, de forma a promoverem a autonomia e a autoaprendizagem do estudante universitário (Manso, Reyes, & Redondo, 2013).

A atualidade da atividade acadêmica que é observada em todo o mundo – e não apenas na Europa com o modelo de Bolonha – é marcada pela exigência de uma intensa produção científica, quer em nível dos professores, quer em nível dos estudantes. Esta realidade tem alterado o perfil do professor universitário quanto à sua disponibilidade e envolvência para propostas pedagógicas centradas nos alunos.

Acresce a esse fato a pertinência de considerar, tal como está plasmado na Declaração de Salamanca (1994), a exigência de medidas responsáveis, justas e inclusivas também em nível do ensino universitário, de forma a receberem os alunos que empoderados pela política de inclusão chegam, em números naturalmente crescentes, ao nível superior de estudos, de forma a apresentarem uma nova realidade para os estudantes com necessidades especiais, inclusivamente a de almejarem uma formação com acesso ao Ensino Superior (Rodrigues, D. 2018).

Outro aspeto que não pode ser negligenciado é a realidade do alcance das tecnologias e o fácil acesso à internet (que podem ser importantes aliados ou distratores em sala de aula). Ora, tudo isso confronta o professor e as instituições universitárias com a exigente busca de respostas criativas e eficazes para os processos de aprendizagem (Henson, Luisito, Hagos, & Villapando, 2009).

Ainda dentro deste cenário e, nomeadamente para caracterizar a essência deste capítulo, acrescentamos que a comunidade discente da Universidade Autônoma de Lisboa se caracteriza por uma grande diversidade cultural, com diferentes perfis, no nível da escolaridade pré-universitária (como a diversidade de nacionalidades e, ainda, de níveis socioeconômicos). Estes critérios podem ser vistos, inicialmente, como fragilizantes ou como obstáculos para a comunidade escolar, ou mesmo para a projeção da universidade.

É no desiderato da realidade anteriormente exposta que o Gabinete de Tutoria – cuja apresentação a seguir se descrimina – destinando-se a transformar essas diversidades em recursos potencializadores, desenvolvendo vocações e competências em nível do escolar, social e humano.

Dinamizado pelo Departamento de Psicologia da Universidade Autônoma de Lisboa, o Gabinete de Tutoria (a seguir sempre designado de GT), assume-se como uma resposta alternativa e facilitadora da resiliência escolar dentro de um enquadramento humanista. A aposta no desenvolvimento dessas atividades é conhecida pelo modelo de Tutoria entre Pares[1] e no âmbito de sua ação cabe a perspectiva psicopedagógica, emocional e promotora das qualidades chamadas de *soft skills*.

O eixo que enquadra as atividades do GT é inspirado numa proposta de relações que beneficiem as aprendizagens através da proximidade e da horizon-

---

1 O modelo de tutoria entre pares pode ser referido na literatura com as terminologias de *Peer Tutoring, Peer assisted learning (PAL), Reciprocal Peer Tutoring (RPT)*, entre outras.

talidade (Chan, Phan, Aniyah Salihan, & Dipolog-Ubanan, 2016). Desta forma, pretende-se desconstruir o modelo formal e hierarquizado da velha tradição pedagógica europeia.

O processo de aprendizagem por modelagem, realizado entre alunos pares reforça as aprendizagens e o "aprender ensinando" (Glynn, MacFarlane, Kelly, Cantillon, & Murphy, 2006). Esse trabalho em equipe, comprovado na literatura pela sua eficácia (Bowman-Perrott, Davis, Vannest, Williams, Greenwood, & Parker, 2012), fomenta a construção de uma rede de apoio, cooperação, empatia e desenvolvimento de competências metacognitivas. A relação entre pares busca para além dos conhecimentos dos conteúdos programáticos, o desenvolvimento da congruência cognitiva e da congruência social (Cianciolo, Bryan Kidd, & Murray, 2016).

A equipe do GT é composta por uma professora (coordenadora), por alunos tutores, matriculados no primeiro ano do 2º ciclo (mestrado) e, ainda, por alunos monitores que estão a frequentar o 1º ciclo (licenciatura) e que igualmente se destacam pelas suas competências sociais e de aprendizagens.

O recrutamento dos tutores é realizado no início de cada ano letivo e são selecionados de acordo com os seguintes critérios:

1) estarem matriculados no 1º ano do 2º ciclo e formalizarem a sua inscrição através de uma carta de intenções;

2) classificação final do 1º ciclo (mínima de 16 valores, numa escala de 0-20);

4) competências em nível de relacionamento interpessoal;

3) disponibilidade de horários e motivação.

A validação da candidatura resulta da conjugação do primeiro e do segundo critérios (matrícula no 2º ciclo e a classificação final do 1º ciclo).

A seguir os candidatos são submetidos a uma entrevista com dois professores do Departamento de Psicologia. Depois de selecionados, os alunos tutores recebem como benefício direto, uma percentagem na redução dos encargos administrativos para com a entidade mantenedora da universidade (este benefício também é atribuído aos alunos monitores, mas em percentagem menor).

Ao contrário dos tutores, os monitores não passam por um processo de seleção formal e podem ser sugeridos pelos professores de cada unidade curricular (do 1º ciclo) de acordo com o envolvimento, a motivação e as aprendizagens dos conteúdos programáticos. Dessa forma, os monitores geralmente entram na equipe com o primeiro semestre letivo já em funcionamento. A adesão desses monitores também pode ocorrer por autoproposta e, nesse caso, a coordenação do GT entra em contato com os professores das unidades curriculares frequentadas, para estes mediarem e acompanharem o seu rendimento e facultarem exercícios ou outros materiais pedagógicos que possam ser pertinentes no regime tutorial.

A equipe de tutoria (coordenação, tutores e monitores) reúne-se uma vez por semana para trabalhos de supervisão e, entre as habituais temáticas, é possível destacar: a partilha das experiências dos tutores com os tutorados (alunos que procuram a tutoria), quer no nível do sucesso ou das dificuldades sentidas; a reflexão e as metodologias sobre o apoio tutorial; o encaminhamento dos tutorados conforme o pedido e apresentação das suas necessidades; o apoio ao próprio tutor caso tenha dúvidas e inseguranças nos seus procedimentos.

Em alguns casos pontuais e por necessidade do tutor, é feita a supervisão individual pela coordenação e geralmente essa reunião ocorre quando o próprio tutor ou mesmo o monitor sentem maior *stress*, insegurança ou, ainda, dificuldade em estabelecerem relação com algum aluno tutorado ou com o grupo que acompanham.

O GT aposta nos seguintes objetivos em relação ao trabalho com os alunos tutorados:

- estabelecer uma rede de apoio no nível das atividades e aprendizagens acadêmicas;
- estimular a capacidade de autoavaliação (metacognição) durante o percurso escolar;
- facilitar a autonomia para as aprendizagens;
- estabelecer uma relação entre tutor e tutorados que permita uma ajuda na organização e metodologias para as aprendizagens;
- contribuir para desenvolver no tutorado o sentimento de apoio durante as fases de *stress* e de cansaço provocadas pelos processos de avaliação formal;
- encaminhar, de acordo com o interesse e a disponibilidade, o tutorado com dificuldades emocionais para o Gabinete de Apoio Psico-Social – Gaps, que é mais uma estrutura de apoio da própria universidade.

Para os tutores os objetivos são:
- promover a capacidade de reflexão sobre os conteúdos programáticos do 1º ciclo e a consolidação das suas aprendizagens;
- otimizar a sua intervenção junto dos colegas e desenvolver competências no nível do relacionamento interpessoal;
- desenvolver o potencial criativo e a partilha solidária de saberes na resolução de problemas;
- promover um posicionamento ético e deontológico no tutor;
- reconhecer o mérito alcançado pelo tutor durante o 1º ciclo de estudos.

A atividade tutorial é desenvolvida, preferencialmente, através de grupos de estudos semanais onde o tutor ou o monitor assumem o papel de facilitador do grupo.

A diferença entre a atuação do tutor e a do monitor é que o primeiro promove grupos alargados a todo o universo de saberes do 1º ciclo, enquanto a atuação do monitor se restringe aos grupos correspondentes às unidades curriculares ou mesmo de todo o ano escolar frequentado, assim como de semestres anteriores do respetivo plano de estudos.

A tutoria individual também é possível em casos pontuais, isto é: quando um aluno solicita apoio para "ensaiar" a apresentação de um trabalho acadêmico; apoio específico e pontual de um determinado ponto da matéria, ou quando o pedido de apoio é feito apenas por um aluno, não sendo possível formar um grupo (apesar de ser possível ocorrerem estes momentos individuais e tais práticas não interferirem no modelo entre pares, são incentivadas as aprendizagens e as partilhas em grupos).

Os tutores e os monitores são acompanhados e avaliados nas suas atividades, na assiduidade e na pontualidade e, também, nas suas atitudes éticas e nas "boas práticas" evidenciadas durante todo o semestre (nos últimos três anos escolares, apenas existiu uma situação onde a aluna decidiu declinar a sua participação como tutora, consequência de problemas do foro pessoal e assim não ter sido possível cumprir com a assiduidade e a agenda que proposta).

Em decorrência das atividades do GT, algumas iniciativas propostas pelos alunos apareceram nos dois últimos anos, de forma voluntária e espontânea, com periodicidade semanal: para maior latitude da defesa do que aqui se pretende mencionar e a título de exemplo, a primeira foi o *Fórum de Debates*, onde os alunos tinham um espaço de partilha das suas opiniões sobre temas gerais (notícias, atitudes de professores e colegas, entre outras). A segunda, denominada *Saberes Livres*, foi desenvolvida pelos alunos do 2º ciclo e disponibilizada a toda a comunidade acadêmica. Esta iniciativa envolveu estudo de autores e temas diversos, de acordo com os interesses apresentados pelos próprios alunos.

Durante os três anos de funcionamento do GT, encontram-se resultados que possibilitam uma reflexão crítica sobre os benefícios desta atividade para os tutores/monitores, mas também para os tutorados.

Os resultados foram obtidos através de entrevistas com os dois grupos de alunos (os facilitadores da dinâmica e os que procuraram o GT) e de análise direta dos resultados escolares, em consequência deste apoio.

Para os alunos que procuraram o GT, foi possível destacar o significado desse apoio tutorial, através da aplicação de uma entrevista semiestruturada em dez alunos tutorados. Essas entrevistas foram gravadas e transcritas na íntegra, com a constituição de um *corpus* que foi submetido a uma análise de conteúdo quantitativa, categorial e temática inspirada em Bardin (2009). As questões abordadas na entrevista, de acordo com os objetivos preconizados, envolviam: a) o motivo da adesão ao projeto; b) o impacto que a tutoria teve (aos níveis pessoais e acadêmicos); c) as sugestões que o tutorado considera pertinentes para o GT; d) os resultados facilitados pela tutoria; e) as unidades curriculares mais procuradas; f) os aspetos positivos e negativos sentidos pelo tutorado ao longo do apoio; g) as atitudes esperadas de um tutor (que deve ter ou desenvolver).

Das sete categorias apuradas das entrevistas apresentam-se os resultados sobre três categorias: o impacto da tutoria para os tutorados (frequência absoluta de 48 e relativa de 29,62% das UR) quer no nível pessoal 18 (37,5%), quer no nível acadêmico 30 (62,5%); sobre as caraterísticas (frequência absoluta de 30 e relativa de 18,51% das UR) positivas 27 (93,10%) e negativas 02 (6,89%) sentidas pelos tutorados, bem como as atitudes (frequência absoluta de 25 e relativa de 15,43% das UR) apresentadas 09 (32,14%) e sugeridas 19 (67,85%) para o tutor.

A seguir apresentam-se os resultados sentidos pelos tutorados no nível do **impacto pessoal** (18/37,55%), com alguns exemplos retirados das transcrições das entrevistas:

1) **Segurança** (22,22%)
"[...] é bom saber que não estou sozinha e que posso contar com este projeto."
2) **Valorização** (16,66%)
"O olhar positivo da minha tutora foi crucial para o meu desenvolvimento [...]."
3) **Organização** (16,66%)
"[...] orientar a forma de gerir o estudo."
4) **Crescimento** (11,11%)
"[...] A tutoria desenvolveu-me muito [...] sinto que sou uma pessoa melhor."
5) **Autoestima** (11,11%)
"[...] senti mudança no nível da minha autoestima."
6) **Satisfação** (11,11%)
"[...] teve um impacto inesperado, positivo em mim."
7) **Suporte** (5,5%)
"[...] positivo em nível de acompanhamento e, por vezes, aconselhamento."
8) **Reflexão** (5,5%)
"[...] Ajudou-me a desenvolver um espírito crítico [...]."

As entrevistas revelaram, no nível das aprendizagens e do **impacto acadêmico** (30/62,5%), os seguintes resultados:

1) **Melhoria dos resultados** (66,66%)
"[...] e a prova disso foi ter passado em todos os exames [...]."
2) **Satisfação** (10%)
"[...] receber tutoria foi muito bom."
3) **Segurança** (6,6%)
"[...] passei a sentir mais confortável nas disciplinas que tive tutoria."
4) **Competência** (6,6%)
"[...] mudou a forma como eu interiorizava os conceitos ou absorvia a matéria."
5) **Aprendizagem por modelagem** (3,33%)
"[...] como a minha tutora é muito organizada, orientou-me muito bem [...] também consegui ficar mais organizada."
6) **Interajuda** (3,33%)
"[...] foi importante a passagem de conhecimentos e a troca de literatura."
7) **Utilidade** (3,33%)
"[...] a minha experiência com a tutoria foi, como sabe, muito breve mas útil."

Relativamente às **caraterísticas positivas** (27/93%), consideradas pertinentes para o tutor/monitor pelos alunos, foram destacadas:

| |
|---|
| 1) **Disponibilidade** (25,92%) |
| "[...] para mim ela sempre foi presente, correspondeu as minhas expectativas [...]." |
| 2) **Motivação** (14,81%) |
| "[...] minha tutora foi mais importante que algum professor. Ela me fez saber que sou capaz." |
| 3) **Empatia** (11,11%) |
| "[...] sempre foi compreensiva [...]". |
| 4) **Facilitação** (11,11%) |
| "[...] procurou sempre melhores caminhos para nos fazer compreender a matéria [...]". |
| 5) **Responsabilidade** (7,40%) |
| "[...] preocupação que não me faltasse as horas de tutoria quando um dos dois não estava disponível na hora marcada." |
| 6) **Carisma** (7,40%) |
| "[...] tem um grande carisma." |
| 7) **Paciência** (7,40%) |
| "[...] e grande paciência também." |
| 8) **Afeto** (3,70%) |
| "[...] muito carinho [...]". |
| 9) **Suporte** (3,70%) |
| "[...] tem me auxiliado imenso." |
| 10) **Congruência** (3,70%) |
| "[...] sempre senti congruência [...]" |
| 11) **Transmissão de competência** (3,70%) |
| "[...] a minha tutora [...] ajudou-me a organizar a minha agenda." |

Como **característica negativa** (02/6,89%), foi considerada de acordo com o que já foi referido, apenas de um caso ter declinado a participação na tutoria:

| |
|---|
| 1) **Incompatibilidade de horário** (50%) |
| "No primeiro semestre [...] as agendas não batiam certo [...]". |
| 2) **Assiduidade** (50%) |
| "[...] algumas vezes não aparecia." |

De acordo com as **Atitudes Sentidas** pelos tutorados em relação ao tutor, confirmam-se os seguintes critérios:

1) **Compreensão empática** (33,33%)
"[...] grande compreensão empática [...]".
2) **Motivador** (11,11%)
"[...] reforço positivo [...]".
3) **Conhecimento acadêmico** (11,11%)
"[...] foram uma valiosa ajuda acadêmica [...]".
4) **Suporte** (11,11%)
"[...] mas também pelo suporte emocional".
5) **Rigor** (11,11%)
"[...] gostei de uma certa exigência acadêmica".
6) **Disponibilidade** (11,11%)
"[...] da disponibilidade e iniciativa para me acompanhar na biblioteca na escolha de livros."
7) **Formação pessoal** (11,11%)
"gostei da formação pessoal que o tutor [...] demonstrou na relação tutor-aluno [...]"

As atitudes sugeridas (19/67,85%) pelos tutorados, foram:

1) **Paciência** (15,78%)
"[...] ter paciência e ser dedicado".
2) **Facilitador** (15,78%)
"[...] ter a capacidade de fazer o aluno compreender a matéria ou as dúvidas que tem".
3) **Responsabilidade** (10,52%)
"[...] e ter consciência do trabalho a realizar".
4) **Empatia** (10,52%)
"[...] um tutor deve ser muito compreensivo [...]".
5) **Congruência** (5,26%)
"[...] congruente [...]".
6) **Aceitação** (5,26%)
"[...] um olhar positivo".
7) **Conhecimento acadêmico** (5,26%)
"ser um bom explicador [...]".
8) **Disponibilidade** (5,26%)
"[...] ser dedicado. "
9) **Atenção** (5,26%)
"[...] atento"
10) **Proximidade** (5,26%)
"acho que só precisa estar um pouquinho mais próximo. Às vezes temos vergonha de pedir mais ajuda"

11) **Genuinidade** (5,26%)
"[...] não fingir ser otimista"
12) **Organização** (5,26%)
"ser organizado [...]"
13) **Otimismo** (5,26%)
"Ser otimista [...]"

Para a equipe de tutoria, destacam-se pequenos trechos das transcrições, segundo as percepções de quatro tutores e de um monitor, com as seguintes respostas:

| |
|---|
| Tutor 1 – "Tendo em conta os valores e linhas orientadoras da tutoria, continuo a afirmar que, para mim, esta iniciativa consiste numa mais-valia para os alunos e contribui para o desenvolvimento do percurso acadêmico e humano dos mesmos, na medida que incentiva o apoio e interajuda entre pares de uma forma mais estruturada, ao mesmo tempo que fomenta um maior contacto com os docentes." |
| Tutora 2 – "Este projeto significa para mim uma oportunidade de poder ajudar alunos como eu, tanto na vertente humana, como na vertente acadêmica, trabalhando com eles como equipe para que possam alcançar maior sucesso na sua prestação acadêmica." |
| Tutor 3 – "O fato de estar acompanhando alunos com matérias de unidades curriculares pelas quais já passei durante o meu caminho de licenciatura, permitiu-me consolidar melhor a informação e o conhecimento que anteriormente teria adquirido. Em nível pessoal sinto que aprendi imenso quanto às minhas fronteiras e quanto ao meu papel como tutora e como aluna de mestrado." |
| Tutor 4 – "Senti que os alunos que já estavam sendo acompanhados no último semestre, mostraram-se muito mais autônomos e autoconfiantes para tratarem de determinadas dificuldades. Então, nesse sentido, o meu trabalho foi mínimo, pois eles exerceram um papel muito mais protagonista neste semestre, dando início até mesmo a um grupo de fórum e debates para discutirem sobre diversos assuntos que vinham a ter interesse." |
| Monitor 1 – "O Projeto Tutoria mexe com a autoestima dos alunos, passa por fazê-los compreender que os sucessos se devem a quem trabalhou para eles; o sucesso do aluno que procurou ajuda, neste caso, foi tirar boas notas, e o meu sucesso foi ter orientado o aluno para a autonomia, e ter tido um impacto positivo na vida de alguém." |

Dentro de uma análise quantitativa direta e com a intenção de não se consubstanciarem considerações que possam parecer imprudentes, imprecisas ou mesmo precipitadas, com a experiência e o respaldo, dos pedidos de apoio ao GT podem ser considerados pertinentes, os seguintes pontos:

1) O número crescente de estudantes que procura o GT, ano após ano, comprovam que esta é uma resposta necessária e inovadora de mais uma valência do Departamento de Psicologia que em muito contribui para a re-

siliência da vida académica, a identificação e a superação dos principais obstáculos do itinerário escolar.

2) A adesão ao GT revela uma maior procura, respetivamente, do 1º ano do 1º ciclo, do 2º ano do 1º ciclo e do 1º ano do 2º ciclo. O 3º ano do 1º ciclo foi o menor na procura deste apoio. Não houve procura significativa por parte dos alunos do 2º ano do 2º ciclo (face ao exposto, todos os dados aqui revelados parecem indiciar que os estudantes em fase inicial dos diferentes ciclos de estudos, quer o da licenciatura, quer o de mestrado, sentem maior necessidade de apoio, levantando-se a hipótese da baixa procura dos alunos do 3º ano do 1º ciclo, indiciar já maior maturidade/autonomia para os estudos, considerada esta mesma hipótese para o 2º ano do 2º ciclo).

3) A percentagem de aprovação em todas as unidades curriculares dos alunos que procuraram o apoio tutorial durante o ano letivo de 2016/2017 foi de 65,30%.

4) Em forma de leitura "horizontal", ou seja, cada caso isoladamente, destaca-se ter sido possível observar um número maior de reprovações no primeiro semestre e um melhor desempenho (menos reprovações) no segundo semestre. Estes resultados podem, pontualmente, sugerir o início tardio das atividades de tutoria no ano letivo (final de novembro), por isso, só gerados melhores resultados no 2º semestre.

5) Da mesma análise em relação ao 2º semestre (leitura horizontal), apenas um estudante obteve pior resultado comparativamente ao 1º semestre.

6) Os pontos 4 e 5 não consideram os pedidos particulares de apoio por unidade curricular. O funcionamento do GT procura dar apoio de forma a promover a autoavaliação do aluno, a autonomia e a entreajuda entre pares para as aprendizagens curriculares e também para as competências sociais e relacionais.

Em forma de conclusão, considera-se que o modelo tutorial realizado entre pares, é uma mais-valia também para a comunidade universitária.

Os resultados das avaliações das atividades deste GT demonstram a satisfação dos estudantes que buscam este tipo de apoio, a par dos tutores/monitores que se tornam facilitadores em todo o processo de aprendizagem, pois o desenvolvimento destas práticas tutoriais facilita em todos os envolvidos a proximidade e o reforço das competências nas relações interpessoais, aumenta as aprendizagens e a consolidação dos conteúdos programáticos, diminui os níveis de insucesso e de abandono do projeto educativo, reforça as reflexões e o empreendedorismo para as atividades extracurriculares, criando condições para que todos possam beneficiar a sua autoestima e assim superarem as suas dificuldades, ganhando autonomia para as crescentes aprendizagens e para os enormes desafios diariamente colocados pela mundialização, a fim de ganharem consciência do seu firme direito de olharem em redor e participarem, ponderadamente, numa sociedade mais justa e inclusiva, alicerçada pela educação que deve ser vista como um verdadeiro preceito constitucional e um incontornável mandamento dos Direitos Humanos.

## Referências

Azevedo, J. (2012). 1 Conferência proferida em São Paulo, na 24ª Assembleia Geral da Fiuc – Federação Internacional das Universidades Católicas.

Bardin, L. (2009). *Análise de conteúdo* [1977]. Trad. de L. A. Reto, & A. Pinheiro. Lisboa: Ed. 70, 4ª edição.

Boss, S., Johanson, C., Arnold, S. D., Parker, W. C., Nguyen, D., Mosborg, S., Nolen, S., Valencia, S., Vye, N., & Bransford, J. (2011). The Quest for Deeper Learning and Engagement in Advanced High School Courses. *The Foundation Review*, 3(3). Retirado de https://doi.org/10.4087/FOUNDATIONREVIEW-D-11-00007

Bowman-Perrott, L., Davis, H., Vannest, K., Williams, L., Greenwood, C., & Parker, R. (2013). Academic Benefits of Peer Tutoring: A Meta-Analytic Review of Single-Case Research. *School Psychology Review, 42*(1).

Chan, N. N. I, Phan, C. W., Aniyah Salihan, N. H., & Dipolog-Ubanan, G. F. (2016). Peer Assisted Learning in Higher Education: Roles, Perceptions and Efficacy. *Pertanika Jounals Social Sciences & Humanities*. Retirado de http://www.pertanika.upm.edu.my/

Cianciolo, A. T., Bryan Kidd, B., & Murray, S. (2016). Observational analysis of near-peer and faculty tutoring in problem-based learning groups. *Medical Education, 50*, 757-767. doi: 10.1111/medu.12969

Enright, S. M., & Axelrod, S. (1995). Peer tutoring: Applied behavior analysis working in the classroom. *School Psychology Quarterly, 10*, 29-40.

Fernandes, W. L., & Costa, C.S.L. (2015). Possibilidades da tutoria de pares para estudantes com deficiência visual no ensino técnico e superior. *Revista Bra-*

*sileira de Educação Especial* (Marília), *21*(1), 39-56. Retirado de http://dx.doi.org/10.1590/S1413-65382115000100004

Glynn, L. G., MacFarlane, A., Kelly, M., Cantillon, P., & Murphy, A. W. (2006). Helping each other to learn – A process evaluation of peer assisted learning. *BMC Medical Education*. Retirado de http://www.biomedcentral.com/1472-6920/6/18

Gómez, E. L. (2012). Tutoring in European Higher Education Area: essential points for an integral model. *Journal of Educational Sciences & Psychology, II*(2).

Gómez, E. L. (2013). La tutoría en la universidad: una experiencia innovadora en el grado de educación primaria. *Revista de Docencia Universitaria, 11*(2), 243-261. ISSN: 1887-4592

Henson, L. D., Luisito C., Hagos, L. C., & Villapando, R. A. (2009). The Effectiveness of Reciprocal Peer Tutoring (RPT) on The Academic Performance of Students in Mathematics. Proceedings of the 2nd International Conference of Teaching and Learning (ICTL 2009) Inti University College, Malaysia.

Manso, Y. G., Reyes, M. J. M., & Redondo, F. J. T. (2013). *Revista de Docencia Universitaria, 11*(2), 89-106. ISSN: 1887-4592

Ortiz, L. A. L., Jiménez, F. S. T., Trejo, M. S., & Bárcenas, G. J. G. (2015). La tutoría: eje fundamental para mejorar el rendimiento académico de alumnos de nivel superior. *Innovación Educativa, 15*(67), 89-110. ISSN: 1665-2673

Rodrigues, D. (2018). *Ensaios sobre a educação inclusiva (ensaiando para estrear a peça)*. Lisboa: Pro-Inclusão.

# 10 Como organizar e lidar melhor com o próprio tempo?

## Estratégias de gerenciamento de tempo

*Evely Boruchovitch*
*Danielle Ribeiro Ganda*

## Introdução

Na atualidade, diante do ritmo intenso de vida, inúmeras pessoas relatam ter dificuldades em organizar suas atividades acadêmicas, profissionais e pessoais ao longo da semana. A falta de gerenciamento de tempo é um problema constante e tem relação com diversos fatores como: desmotivação, baixa autoeficácia, queda do desempenho, falhas da metacognição e grande quantidade de compromissos. De maneira geral, as pessoas que têm mais habilidade para gerenciar o tempo são aquelas que têm maior conhecimento de si, de suas capacidades, de suas fragilidades e interesses e que conseguem usar desse autoconhecimento para organizar-se e cumprir com os seus compromissos.

O termo gerenciamento de tempo seria equivocado ao se considerar que o tempo é o mesmo para todos (24 horas diárias). Não se pode negociar o tempo, mas sim gerenciar as suas atividades dentro desse tempo. Pessoas produtivas têm como uma de melhores qualidades saber planejar e organizar as suas atividades, de maneira que tenham tempo hábil para cumprir com todas elas. Profissionais e estudantes eficazes são aqueles que conseguem, inclusive, prever contratempos e, por isso, reservar um tempo para lidar com esses casos. Gerenciar bem o tempo é uma habilidade que pode ser desenvolvida por todas as pessoas. O ideal é que, desde a infância, o ser humano seja orientado a ter uma rotina, de maneira que termine por incorporar o hábito da disciplina em seu cotidiano em vistas de alcançar suas metas e ter sucesso no âmbito pessoal e profissional.

Pesquisas revelam que a falta de gerenciamento de tempo causa consequências nocivas para o trabalho/estudo, assim como para a saúde (cf. Quadro 1). Em primeiro lugar, afeta o rendimento da pessoa, já que ela investe tempo ineficiente para a atividade, realizando-a de maneira apressada, com pior qualidade e, às vezes, tendo de refazer o trabalho. Para a saúde, os efeitos são aumento do estresse e da ansiedade, perceptível em sintomas como aceleração cardíaca, sudorese, dores de cabeça, pensamentos repetitivos, cansaço mental, desequilíbrio do sono e do padrão alimentar, entre outros.

Quadro 1 – Aspectos negativos da falta de gerenciamento de tempo

| Aspectos negativos da falta de gerenciamento de tempo |
|---|
| • Ineficácia |
| • Frustração |
| • Queda da motivação |
| • Estresse elevado |
| • Ansiedade elevada |
| • Desaprovação social |
| • Pior desempenho |

No contexto escolar são frequentes os casos de alunos que, por não estudarem com antecedência, memorizam o suficiente para realizar a prova, mas não aprendem de maneira significativa. Um dos motivos é que, para aprender, a mente necessita estar descansada e o corpo em um nível ótimo de ansiedade, o que não ocorre quando o aluno está sob pressão, estudando nas vésperas de uma avaliação. Situação como essas, em que se protela a realização de uma atividade é o que se denomina de procrastinação.

Os alunos procrastinam por diversos motivos, como por falta de motivação, pela dificuldade da tarefa, pelo baixo senso de autoeficácia ou por um *feedback* negativo anteriormente recebido. Alunos que não veem sentido no que estudam ou que não gostam do conteúdo, podem não se dedicar à tarefa proposta pelo professor. Ocorre também casos nos quais os alunos procrastinam porque não lhes foi ensinado a gerenciar o seu tempo. Desse modo, faz-se necessário ensinar as crianças e jovens a planejar e avaliar precisamente o tempo que se gasta para realizar as suas atividades, habilidade essa que demanda autoconhecimento e prática.

A questão é tão crítica que hoje se encontram inúmeros livros, artigos, vídeos e *sites* na internet com sugestões sobre como gerenciar o tempo. Contudo, embora se tenha mais informações sobre o assunto não significa que as pessoas tenham incorporado esses conhecimentos. Pode-se assim supor que, mais do que saber as estratégias, pode-se faltar clareza e motivação para colocá-las em prática. Desse modo, surgiram técnicas simples como a *técnica pomodoro*, abordada nesse capítulo, que tem o propósito de auxiliar a pessoa a gerenciar seu tempo de maneira descomplicada e, assim, fazer com que ela persevere, o que, por sua vez, aumenta sua produtividade e bem-estar (Quadro 2).

Quadro 2 – Aspectos positivos do bom de gerenciamento de tempo

| Aspectos positivos do bom gerenciamento de tempo |
|---|
| • Eficácia |
| • Sensação de competência |
| • Autoeficácia mais elevada |
| • Foco e concentração |
| • Valorização social |
| • Ótimo desempenho |
| • Realização profissional e pessoal |

## Gerenciamento de tempo: relações com a metacognição e a motivação

A metacognição se refere à habilidade do indivíduo em analisar a sua própria aprendizagem. As estratégias metacognitivas abrangem o planejamento, o monitoramento e a regulação do ato de aprender; ou seja, são ações que visam facilitar a realização de uma atividade de estudo ou de trabalho. Para que o uso das estratégias metacognitivas seja efetivo é essencial, inicialmente, que os alunos sejam capazes de fazer uma autorreflexão sobre os fatores emocionais que afetam a maneira como lidam com o seu tempo.

Questões emocionais podem interferir na concentração, na motivação e no desempenho do aluno merecendo, desta forma, serem observadas, antes do início de uma atividade. As emoções podem afetar a aprendizagem em um sentido positivo ou negativo, dependendo de sua intensidade, das características particulares do aluno, das estratégias cognitivas e metacognitivas conhecidas e usadas por ele e até mesmo do contexto social. A regulação das emoções se refere ao processo de reconhecimento, de monitoramento, de avaliação e, se necessário, de alteração das respostas emocionais. Diante de situações que causem ansiedade ou estresse é necessário recuperar o equilíbrio emocional, inclusive reservando um tempo diário de descanso para a mente e o corpo.

De maneira coloquial pode-se dizer que o corpo descansa durante o sono e a mente, quando se está fazendo algo de que gosta. Uma mente cansada rende menos, fazendo com que uma simples atividade leve o dobro de tempo para ser realizada. Além disso, realizar uma atividade agradável é fundamental para manter a motivação. Estudar e trabalhar demandam alto gasto energético do cérebro e é natural que o indivíduo se sinta cansado e desmotivado durante o processo. O importante é perseverar e estudar todos os dias no horário proposto. Como o tempo, o corpo se adaptará e, após cerca de três semanas (21 dias sequenciais) é provável que sinta os resultados em termos de maior concentração e aprendizagem, além do aumento da motivação por notar que está conseguindo cumprir o que foi proposto.

No Quadro 3, mais adiante no presente capítulo, serão apresentadas algumas estratégias simples e eficazes que podem auxiliar estudantes, professores e demais profissionais a gerenciar melhor o seu próprio tempo

### Estratégias de gerenciamento de tempo

Para se fazer bom gerenciamento de tempo é necessário fazer um planejamento que se inicia com o estabelecimento de prioridades. Liste todos os seus compromissos semanais, inclusive os pessoais, e analise quais são mais urgentes em termos de dificuldade da tarefa, tempo estimado necessário, recursos disponíveis e se depende ou não de outras pessoas para ser realizada. Em seguida, verifique se algum desses compromissos ou parte de sua execução pode ser delegada a alguém. Se sim, delegue e isso lhe poupará tempo.

Outra sugestão interessante é a de aproveitar os momentos "inúteis" para realizar atividades mais simples. Por exemplo, se precisar ir ao médico e houver a possibilidade de ficar aguardando a consulta, leve um livro ou um relatório e utilize os minutos de espera para lê-lo, ao invés de simplesmente assistir televisão ou mexer no celular. Contudo, caso precise retornar uma ligação ou mensagem faça-a nesse instante e busque ser precisa na resolução da questão.

As pessoas não percebem o quanto se desperdiça tempo ao se "navegar" despretensiosamente nas redes sociais e em sites. A tecnologia e a internet são ferramentas potencialmente ricas para a aprendizagem, mas desde que usadas de maneira adequada. Caso contrário, tornam-se mais um problema para o desenvolvimento profissional e pessoal dificultando, inclusive, o gerenciamento de tempo.

Após classificar suas atividades em nível de urgência, disponha-as ao longo dos períodos da semana (manhã, tarde e noite), reservando momentos para o descanso e o lazer. Embora sejam muitas vezes preteridos, esses momentos são fundamentais para se memorizar as informações, encontrar novas soluções para os problemas, restabelecer as energias, manter a motivação e preservar a saúde nos âmbitos físico e mental. Deve-se ressaltar a importância de se organizar as atividades estabelecendo datas de entrega anteriores à data limite de maneira que, se houver algum imprevisto, haja tempo hábil para resolvê-lo e cumprir com o prazo estipulado.

Em seguida, deve-se identificar e eliminar os potenciais fatores distratores que causem interrupções frequentes quebrem a concentração e, possivelmente, atrasem a realização das atividades. Os distratores podem ser, por exemplo, o toque do celular, a conversa de outras pessoas ou até mesmo a desorganização da mesa de trabalho. Assim, durante o período de trabalho, recomenda-se organizar o ambiente, separar todo o material que utilizará, silenciar os aparelhos eletrônicos e comunicar as pessoas que só lhe interrompem em casos de extrema necessidade. Trabalhar por uma hora de maneira focada é mais produtivo (e menos estressante) do que trabalhar o dobro de tempo de maneira dispersa.

Depois de listar as prioridades, organizá-las na agenda e eliminar as distrações, vem a etapa de realização da tarefa. Após realizar cada uma, risque-a e passe para a próxima. Caso verifique que precisará de mais tempo, reveja o planejamento inicial e reorganize um novo horário para terminar a atividade. Busque cumprir com os prazos sabendo que as tarefas não realizadas hoje se acumularão e virarão um problema amanhã. Deve-se salientar que essas etapas inerentes ao processo de gerenciamento de tempo podem parecer, a princípio, muito trabalhosas, mas, com a prática, se tornarão automáticas e farão parte da rotina diária de trabalho e estudo.

**Quadro 3 – Estratégias de gerenciamento de tempo**

| Estratégias | Princípio |
|---|---|
| Manter uma agenda (impressa ou eletrônica). | Registrar todos os compromissos nas datas a serem realizadas, evitando esquecimentos. |
| Usar o recurso de bloqueio da internet. | Evitar interrupções e distrações ao se trabalhar no computador por meio do bloqueio temporário de páginas da internet. |
| Fazer listas de tarefas. | Registrar todas as atividades à medida que aparecerem e separá-las em grupos por prioridade ou complexidade. |
| Observar o melhor horário de trabalho. | Realizar as atividades mais difíceis nos horários em que se é mais produtivo. |
| Fazer planejamento semanal. | Iniciar a semana ciente dos compromissos a serem realizados no período. |
| Observar quais são os "ladrões de tempo". | Identificar e evitar todos os fatores que causam distração e desperdício de tempo. |
| Silenciar o celular durante a realização de uma atividade. | Evitar interrupções e distrações pelo uso frequente do celular. |
| Designar um horário fixo para o estudo. | Tornar o estudo um hábito diário, aumentando a concentração e a disciplina. |
| Usar estratégias de regulação emocional. | Usar técnicas de respiração profunda e visualização positiva nos casos de sentir-se ansioso diante das atividades a realizar. |
| Reservar um tempo para o lazer. | Realizar atividades de que gosta visando manter a motivação para realizar os compromissos de estudo e trabalho. |
| Respeitar os momentos de descanso. | Alimentar-se e dormir bem para que a mente trabalhe de maneira mais eficiente. |
| Aplicar a técnica *pomodoro*[*] | Realizar períodos curtos de trabalho, visando diminuir o cansaço, aumentar a motivação e evitar a procrastinação. |

**Tabela 1 – Esquema de um ciclo de trabalho segundo a técnica pomodoro**

| 1º pomodoro | | 2º pomodoro | | 3º pomodoro | | 4º pomodoro | |
|---|---|---|---|---|---|---|---|
| Atividade 25min | Descanso 5min | Atividade 25min | Descanso 5min | Atividade 25min | Descanso 5min | Atividade 25min | Pausa 15 a 30min |

---

\* **Técnica pomodoro** – A técnica foi desenvolvida no final dos anos de 1980, pelo italiano Francesco Cirillo. O termo "pomodoro" faz alusão ao cronômetro culinário no formato de tomate (pomodoro em italiano). Inicialmente, devem-se listar todas as tarefas a serem realizadas no dia, escolher a ordem de realização e estimar o tempo necessário para serem cumpridas. Com o uso de um cronômetro, deve-se dividir o trabalho em períodos de 25min, seguido por 5min de descanso. Após o intervalo, retomar a atividade por mais 25min e então fazer mais 5min de descanso, conforme a tabela 1.

Caso, durante o trabalho surja alguma interrupção, como um pensamento ou algo para resolver, deve-se anotá-lo em folha à parte e então prosseguir mantendo a concentração no que estava fazendo. Ao final de 4 "pomodoros", ou seja, de 1 ciclo de trabalho, descansar por 15 a 30min e, depois, iniciar novamente.

## Considerações finais

O hábito de gerenciar mal o tempo gera estresse, baixo desempenho, conflitos interpessoais, entre outros. Desse modo, faz-se necessário empregar as estratégias de planejamento e controle do tempo, cotidianamente. Instituições educacionais como escolas e universidades devem ser espaços nos quais se ensine os alunos não somente os conteúdos programáticos, mas estratégias para estudar e aprender de maneira mais eficiente. Uma vez tendo conhecimento de si próprio e das estratégias de gerenciamento de tempo é mais provável que os alunos as percebam como recursos úteis e fundamentais para uma aprendizagem de qualidade.

## Fontes consultadas

Bembenutty, H. (2009). Academic delay of gratification, self-efficacy, and time management among academically unprepared college students. *Psychological Reports, 104*(2), 613-623.

Boruchovitch, E., & Ganda, D. R. (2013). Fostering self-regulated skills in an educational psychology course for brazilian preservice teachers. *Journal of Cognitive Education and Psychology, 12*(2), 157-177.

Claessens, B. J. C., Van Eerde, W., Rutte, C. G., & Roe, R. A. (2007). A review of the time management literature. *Personnel Review, 36*(2), 255-276.

Ganda, D. R., & Boruchovitch, E. (2018). Promoting self-regulated learning of Brazilian Preservice student teachers: results of an intervention Program. *Frontiers in Education, 3*(5), 1-12.

Häfner, A., Oberst, V., & Stock, A. (2014). Avoiding procrastination through time management: An experimental intervention study. *Educational Studies 40*(3), 352-360.

Sampaio, R.K.N., & Bariani, I.C.D. (2011). Procrastinação acadêmica: um estudo exploratório. *Estudos Interdisciplinares em Psicologia, 2*(2), 242-262.

Tonelli, E., Pessin, G., & Deps, V. L. (2019). Revisão bibliográfica dos impactos negativos da procrastinação acadêmica no bem-estar subjetivo. *Interdisciplinary Scientific Journal* 6(5), 299-313.

Yoshiy, S. M. (2018). Gerenciamento de tempo: elaboração de um livro autoinstrucional para estudantes universitários. Dissertação de mestrado. Universidade Estadual de Londrina. Centro de Ciências Biológicas, Programa de Pós-Graduação em Análise do Comportamento.

Winne P. H., & Hadwin, A. F. (2013). Study: tracing and supporting self-regulated learning in the internet. In R. Azevedo, & V. Aleven (eds.). *International Handbook of Metacognition and Learning Technologies* (pp. 293-308). Nova York, NY: Springer.

# Os autores

## 1 Organizadores/autores

**Gislene de Campos Oliveira**: graduação em Psicologia, Pontifícia Universidade Católica de Campinas (PUCC); mestrado em Educação – Psicologia Educacional pela Universidade Estadual de Campinas (Unicamp); Doutorado em Educação – Psicologia Educacional, Unicamp – Professora da Faculdade de Educação, Departamento de Psicologia Educacional da Unicamp (aposentada); professora e coordenadora do Curso de Especialização em Psicopedagogia Construtivista, Unicamp/Campinas; membro do Grupo de Estudos e Pesquisas em Psicopedagogia (Gepesp) da Faculdade de Educação da Universidade Estadual de Campinas (Unicamp); trabalha com psicologia clínica, psicopedagogia, psicomotricidade e ginástica cerebral, desde 1997.

**Lucila Diehl Tolaine Fini**: graduação em Pedagogia; mestrado em Educação – Psicologia Educacional, Unicamp; doutorado em Psicologia da Educação pela PUC/SP; professora da Faculdade de Educação, Departamento de Psicologia Educacional da Unicamp (aposentada); professora do Curso de Especialização em Psicopedagogia Construtivista, Unicamp/Campinas; membro do Grupo de Estudos e Pesquisas em Psicopedagogia Gepesp, da Faculdade de Educação da Universidade Estadual de Campinas.

**Evely Boruchovitch**: psicóloga pela Universidade do Estado do Rio de Janeiro; Ph.D em Educação pela University of Southern California, Los Angeles; professora titular do Departamento de Psicologia Educacional, Faculdade de Educação da Universidade Estadual de Campinas (Unicamp); professora do Curso de Especialização em Psicopedagogia Construtivista, Unicamp/Campinas; membro do Grupo de Estudos e Pesquisas em Psicopedagogia (Gepesp), Unicamp; coordenadora da Linha Psicologia e Educação do Programa de Pós-

-Graduação em Educação, Faculdade de Educação/Unicamp; bolsista de Produtividade 1B do CNPq.

**Rosely Palermo Brenelli**: graduação em Pedagogia – Pontifícia Universidade Católica de Campinas (PUCC); mestrado em Educação – Psicologia Educacional, Faculdade de Educação da Unicamp; doutorado em Educação – Psicologia Educacional, Unicamp; professora da Faculdade de Educação, Departamento de Psicologia Educacional da Unicamp (aposentada); professora do Curso de Especialização em Psicopedagogia Construtivista, Unicamp/Campinas; membro do Grupo de Estudos e Pesquisas em Psicopedagogia – Gepesp, da Faculdade de Educação da Universidade Estadual de Campinas.

## 2 Autores/colaboradores

**Acácia Aparecida Angeli dos Santos**: psicóloga, mestrado em Psicologia Clínica pela PUC-Campinas; doutorado em Psicologia Escolar e do Desenvolvimento pelo Instituto de Psicologia da USP; professora do Programa de Pós--Graduação *Stricto-Sensu* em Psicologia na Universidade São Francisco; integrante do Laboratório de Psicologia Educacional e de Processos de Carreira (Lape). Temas de atuação: Habilidades Cognitivas e Metacognitivas envolvidas nos processos de aprendizagem.

**Adriana Satico Ferraz**: psicóloga e mestre em Psicologia pela Universidade São Francisco (USF); doutoranda em Psicologia pela USF (bolsa Fapesp). Possui experiência na área de Avaliação Psicológica e Educacional – ênfase em Fundamentos e Medidas da Psicologia. Temas de atuação: Autorregulação e motivação para aprendizagem, Habilidades linguísticas e metalinguísticas no contexto da educação básica.

**Cláudia Delane Silva de Castro**: graduação em Fonoaudiologia pela Universidade de Fortaleza – Unifor (1990); em Psicologia pela Universidade Autónoma de Lisboa – UAL (2006); doutorada em Psicologia (2015); professora auxiliar na Universidade Autónoma de Lisboa; coordenadora do Gabinete de Tutoria desde 2015.

**Danielle Ribeiro Ganda**: graduação em Psicologia (2006) e pós-graduação em Psicopedagogia Escolar (2009) pela Universidade Federal de Uberlândia – UFU; mestre (2011) e doutora em Educação – Psicologia Educacional – Unicamp; professora convidada em cursos de graduação e pós-graduação; atua como colaboradora do Grupo de Estudos e Pesquisa em Psicopedagogia – Gepesp, da Faculdade de Educação da Unicamp.

**David António Rodrigues**: doutorou-se na Universidade Técnica de Lisboa; aposentado em 2015 como professor catedrático, Lisboa; Conselheiro Nacional de Educação, Conselho Nacional de Educação, Ministério da Educação e Ciência de Portugal; lecionou em universidades de Portugal (Porto, Açores e Coimbra) e estrangeiras (Bélgica, Estados Unidos, Brasil e China). Atualmente trabalha como professor de Educação Especial; presidente e fundador da Pró--Inclusão: Associação Nacional de Docentes de Educação Especial, Portugal; diretor da Revista *Educação Inclusiva*, Portugal; diretor científico da empresa Vindas Educação Internacional, Portugal; recebeu, em 2007, o Prêmio de Investigação União Latina e em 2017 o Distinguished International Leadership Award, concedido pelo Council for Exceptional Children – Dises (EUA).

**José Aloysio Bzuneck**: doutorado em Psicologia Escolar e do Desenvolvimento Humano pela Universidade de São Paulo (1980); pós-doutorado em Educação pela Universidade Estadual de Campinas (Unicamp, 2012); professor titular da Universidade Estadual de Londrina, com experiência na área de Psicologia, com ênfase em Ensino e Aprendizagem na Sala de Aula, atuando principalmente nos seguintes temas: Motivação e aprendizagem, Ensino e motivação, Motivação, Formação de professores e Psicologia educacional.

**Luzia Lima-Rodrigues**: doutorado em Educação – Psicologia Educacional, Unicamp; pós-doutorado em Educação Especial e Terapias Expressivas pela Universidade de Lisboa; psicopedagoga; subdiretora do Mestrado em Ciências da Educação: Educação Especial – Domínio Cognitivo e Motor da Universidade Lusófona de Humanidades e Tecnologias, Lisboa; docente da Escola Superior de Educação do Instituto Politécnico de Setúbal, no mestrado em Educação Pré-Escolar, no Mestrado em Gestão e Administração de Escolas e na

Pós-Graduação em Educação Especial; diretora-executiva da Empresa Vindas Educação Internacional, Portugal.

**Maria Aparecida Mezzalira Gomes**: graduação em Pedagogia; especialização em Psicopedagogia Escolar e Clínica; mestrado e doutorado em Desenvolvimento Humano e Educação (2008); pós-doutorado em Educação pela Universidade Estadual de Campinas (2011-2013 – PDJ-CNPq); experiência docente no Ensino Superior em cursos de licenciatura (disciplinas da área de Educação) e em cursos de pós-graduação *lato sensu*, em Psicopedagogia; docente, gestora e supervisora de ensino na rede particular e pública do Estado de São Paulo, aposentada.

**Maria Odete Emygdio da Silva**: doutora em Educação – opção Educação Especial, pela Universidade de São Paulo; professora-associada e investigadora integrada do Centro de Estudos Interdisciplinares em Educação e Desenvolvimento (CeiED) da Universidade Lusófona de Humanidades e Tecnologias, onde também é diretora do Mestrado em Educação Especial; exerceu funções docentes na Escola Superior de Educação de Lisboa, na Escola Superior de Educação João de Deus e na Escola Superior de Enfermagem Calouste Gulbenkian; foi coordenadora da Equipe de Coordenação dos Apoios Educativos de Lisboa 2 e fez parte do Gabinete de Apoios Educativos da Direção de Serviços Técnico-Pedagógicos da Direção Regional de Educação de Lisboa.

**Marly do Carmo Ferreira Batista Ponce**: graduação em Pedagogia – Universidade Bandeirantes de São Paulo (Uniban); graduada em Psicologia pelo Centro Universitário Nossa Senhora do Patrocínio (Ceunsp); especialista em Psicopedagogia Construtivista pela Universidade Estadual de Campinas (Unicamp); especialista em Neuropsicologia Aplicada à Neurologia Infantil (Unicamp); Gestão e Estratégia de Empresas (Unicamp); especializanda em Terapias Comportamental e Cognitiva pela PUCRS; trabalha como psicóloga clínica, psicopedagoga e avaliação e reabilitação neuropsicológica em consultório particular.

## CULTURAL
Administração
Antropologia
Biografias
Comunicação
Dinâmicas e Jogos
Ecologia e Meio Ambiente
Educação e Pedagogia
Filosofia
História
Letras e Literatura
Obras de referência
Política
Psicologia
Saúde e Nutrição
Serviço Social e Trabalho
Sociologia

## CATEQUÉTICO PASTORAL
**Catequese**
    Geral
    Crisma
    Primeira Eucaristia

**Pastoral**
    Geral
    Sacramental
    Familiar
    Social
    Ensino Religioso Escolar

## TEOLÓGICO ESPIRITUAL
Biografias
Devocionários
Espiritualidade e Mística
Espiritualidade Mariana
Franciscanismo
Autoconhecimento
Liturgia
Obras de referência
Sagrada Escritura e Livros Apócrifos

**Teologia**
    Bíblica
    Histórica
    Prática
    Sistemática

## REVISTAS
Concilium
Estudos Bíblicos
Grande Sinal
REB (Revista Eclesiástica Brasileira)

## VOZES NOBILIS
Uma linha editorial especial, com importantes autores, alto valor agregado e qualidade superior.

## PRODUTOS SAZONAIS
Folhinha do Sagrado Coração de Jesus
Calendário de mesa do Sagrado Coração de Jesus
Almanaque Santo Antônio
Agendinha
Diário Vozes
Meditações para o dia a dia
Encontro diário com Deus
Guia Litúrgico

## VOZES DE BOLSO
Obras clássicas de Ciências Humanas em formato de bolso.

CADASTRE-SE
www.vozes.com.br

**EDITORA VOZES LTDA.**
Rua Frei Luís, 100 – Centro – Cep 25689-900 – Petrópolis, RJ
Tel.: (24) 2233-9000 – Fax: (24) 2231-4676 – E-mail: vendas@vozes.com.br

UNIDADES NO BRASIL: Belo Horizonte, MG – Brasília, DF – Campinas, SP – Cuiabá, MT
Curitiba, PR – Fortaleza, CE – Juiz de Fora, MG – Petrópolis, RJ – Recife, PE – São Paulo, SP